Reinhold Schoener

# Capri

*Natur, Volkstum, Geschichte und Altertümer der Insel*

weitsuechtig

Reinhold Schoener

**Capri**

Natur, Volkstum, Geschichte und Altertümer der Insel

ISBN/EAN: 9783956561269

Auflage: 1

Erscheinungsjahr: 2013

Erscheinungsort: Bremen, Deutschland

weitsuechtig

# CAPRI.

## NATUR, VOLKSTHUM, GESCHICHTE

### UND

### ALTERTHÖMER DER INSEL.

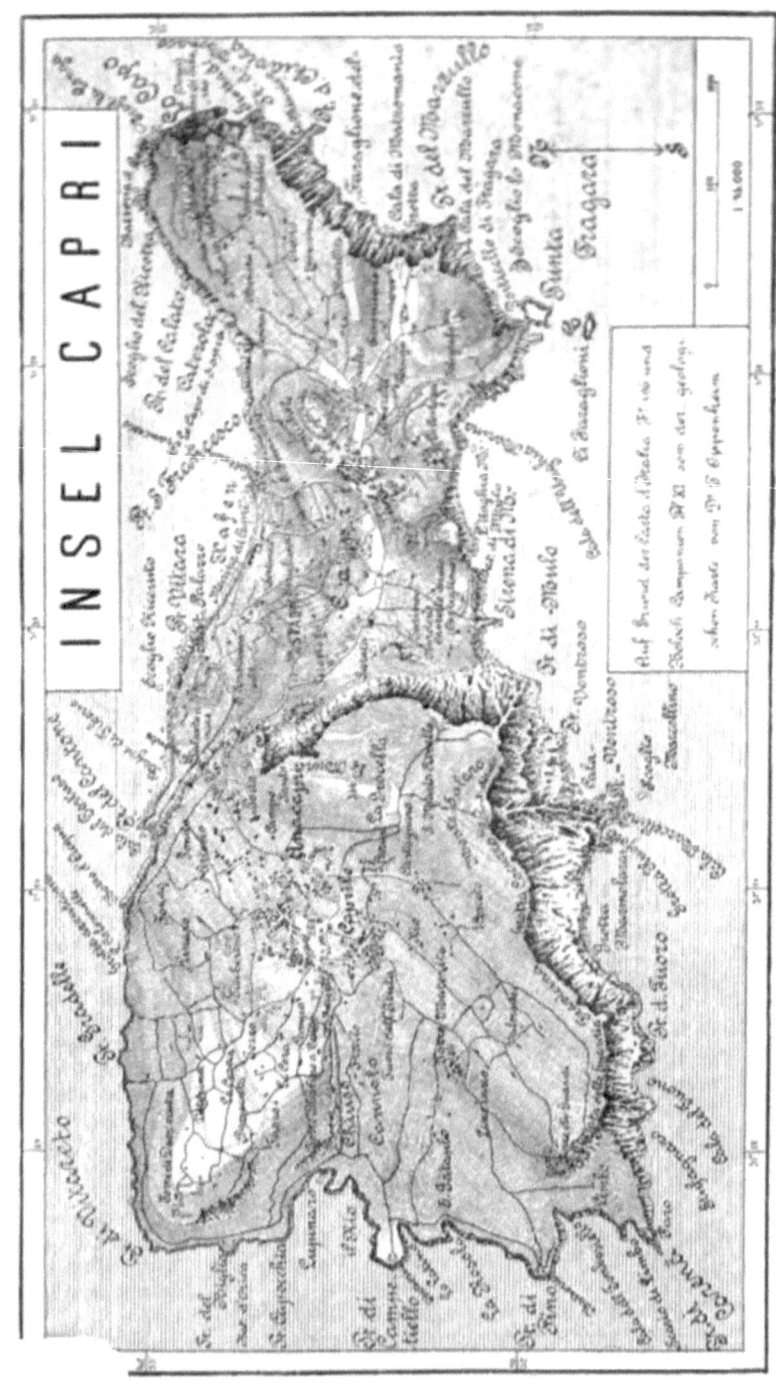

INSEL CAPRI

1 : 56.000

Auf Grund der Carta d'Italia 1 : 100 000 Foglio Campania XVI von der geolog. aufgen. Karte von Dr. F. Oppenheim

# CAPRI.

## NATUR, VOLKSTHUM, GESCHICHTE

UND

### ALTERTHÜMER DER INSEL.

VON

Dr. REINHOLD SCHOENER.

*MIT 13 ABBILDUNGEN u. 1 KARTE.*

*Meiner Clara*

*in glücklicher Erinnerung an die*

*campanischen Sommer.*

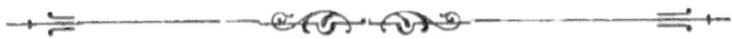

### Vorwort.

Das vorliegende Buch ist weder eine wissenschaftliche Abhandlung, noch eine blosse Reiseplauderei. Entstanden aus den günstig aufgenommenen Schilderungen, welche der Verfasser bei Gelegenheit eines mehrmonatlichen Sommeraufenthaltes in Capri in der »Allgemeinen Zeitung« veröffentlicht hat, soll es allen jenen dargeboten sein, welche den Aufenthalt auf dem zauberischen Eilande durch eingehendere Kenntniss desselben genussreicher gestalten oder aus der Erinnerung an das Erlebte und Geschaute erneuerten Genuss schöpfen wollen.

Die Benützung der vorhandenen Literatur nicht verschmähend und auf der Kenntniss der wissenschaftlichen Forschungsergebnisse fussend, bietet der Verfasser vor allem das, was er selber voll Entzücken gesehen, mit Bewunderung durchforscht, mit Genuss erlebt hat. Nicht ihm, sondern den unvergänglichen einzigartigen Reizen der Sireneninsel wird es zu danken sein, wenn die anspruchslosen Blätter Freunde finden und Freude bereiten werden.

Die Einzelschriften über Capri stammen erst aus den letzten hundert Jahren. Den Anfang machte der Oesterreicher Hadrawa mit der 1794 in Dresden erschienenen Schrift: »Ragguagli di varii scavi e scoverte di antichità fatte nell'Isola di Capri«. Im gleichen Jahre verfasste der Graf della

Torre Rezzonico die erste archäologische Beschreibung, veröffentlicht in Dom. Romanellis »Isola di Capri«, Neapel 1816, welcher schon 1808 G. M. Secondos »Relazione storica dell' antichità, rovine e residui di Capri« vorausgegangen war.

1830 verfasste Giuseppe Feola, Inspector für die Alterthümer der Insel, seinen Manuscript gebliebenen »Rapporto dello stato presente delle anticaglie dell' isola di Capri.« Denselben benützte 1834 Rosario Mangoni für sein ausgezeichnetes Büchlein »Ricerche topografiche ed archeologiche sull' isola di Capri.« Eine geschichtliche Abhandlung desselben neapolitanischen Autors: »Ricerche storiche sull'Isola di Capri e sulle vicine regioni del Cratere, Napoli 1834« ist nur mit grosser Vorsicht zu gebrauchen. Nützlich ist — auch durch die beigefügten farbigen Holzschnitte, welche z. B. die antiken Gebäudereste noch in weit besser erhaltenem Zustande zeigen, das Büchlein eines neapolitanischen Ingenieurs: »Le antiche rovine di Capri disegnate dall' architetto F. Alvino ed illustrate dal Cav. B. Quaranta, Napoli 1835.« — 1854 verherrlichte Victor Scheffel die Insel und die weltberühmte Paganosche Künstlerherberge im »Trompeter von Säkkingen«, und 1868 gab F. Gregorovius seine reizende poetische Beschreibung derselben heraus. — Eine der neuesten Einzelschriften über Capri, welche für einige unserer Capitel schätzenswerthe Beiträge geliefert, ist die sorgfältige und liebevolle Arbeit eines englischen Ansiedlers: »Capri, by J. B. Mac Kowen« (ohne Ort und Jahr). — Der frühere verdiente Pfarrer von Capri, Monsignor A. Canale, dem ich viele Unterstützung bei meinen Studien verdanke, hat eine leider sehr weitschweifige Geschichte der Insel (Storia dell' Isola di Capri« etc. Napoli 1887) verfasst. Capresische Dorfgeschichten schrieb G. Floerke (»Die Insel der Sirenen«, Berlin 1890), einen »geographischen und antiquarischen Streifzug« durch Capri Dr. Schultze (Berlin 1886), novellistische Schilderungen Konrad Telmann (»Auf der Sireneninsel Capri«, Köln 1889), über die Geologie des Eilandes endlich P. Oppenheim (Berlin 1890). — Eine von jeder Ueberschwänglichkeit freie realistische Darstellung des Fremdenlebens auf Capri bietet C. W. Allers in den burschikosen und humorvollen Bildern des Prachtwerkes ›Capri‹ (München 1892), dessen 50 Fascimile-Drucke und 12 Aquarell-Gravuren jedem Kenner der Insel und ihres Völkchens heitere Erinnerungen wachrufen müssen. — Eine Bibliographie von Capri, Ischia und den anderen Inseln des neapeler Golfes bereitet der Verlag von F. Furchheim in Neapel vor.

Rom.

Dr. R. Schoener.

# Inhalts-Verzeichniss.

# Illustrations-Verzeichniss.

Capitel I.

# Ankunft auf Capri. — Sommerwohnung und Hausgenossen im Palazzo Canale.

Eine reisende englische Dame, welche im Jahre 1825 zu Livorno ein mehrbändiges Werk »Information and directions for travellers on the continent« herausgegeben hat, fand es nothwendig, unter den Anweisungen für den Besuch der Insel Capri die folgende anzuführen: »Die bequemste Art, diesen Ausflug ins Werk zu setzen, ist die, dass man ein Boot mit zehn Rudern miethet und ein kaltes Diner nebst Brot, Salat, Früchten, Tellern, Gläsern, Gabeln, Messern u. s. w., doch keinen Wein, mitnimmt.« Noch einige Jahrzehnte später gab es auf der Insel nur aus ganz aussergewöhnlichen Anlässen Fleisch zu essen; nämlich, wenn eine Kuh auf der Bergweide einen unglücklichen Fall gethan hatte. Dieser »Fall« brachte Abwechslung in die primitive Speiseliste. Unter Trompetenschall wurde in beiden Ortschaften der Insel, Capri und Anacapri, ausgerufen, dass Fleisch zu haben sei, und wer sich nicht vor unangenehmen Folgen der ungewohnten Speise scheute — wie ich es von alten Leuten noch heute habe aussprechen hören — der konnte für wenige Grani sich einen Festtag bereiten.

Wer heutzutage nach der »Eber-Insel« fährt, braucht nichts von allem dem mitzunehmen, was die vorsichtige Engländerin im zehnruderigen Boote bei sich führte. Er findet nicht nur in jedem Bauernhaus Teller, Gläser, Gabeln, Messer, Brot und Früchte, meist auch Käse, Milch und Wein, sondern ausserdem in einem Dutzend »Hôtels« und mehreren Speisehäusern alle billigerweise zu erwartenden Tafelgenüsse, wozu sich die geistigen Genüsse gesellen, welche durch Pensionsbibliotheken, Journale, Fremdenbücher voll verhimmelnder Ergüsse und den üblichen Pensionsklatsch geboten werden.

Mit diesem Aufschwunge ist natürlich eine gewisse Wandlung der Sitten und des Charakters der Einwohnerschaft sowie ihrer Lebensweise Hand in Hand gegangen. Die allgemeine Sitteneinfalt, Genügsamkeit und Zutraulichkeit, welche noch Scheffel und Gregorovius hier fanden, hat einen kleinen Stoss erlitten. Das jährlich wachsende Zuströmen der Fremden, die beständige Berührung mit denselben, die gesteigerte Leichtigkeit des Erwerbes haben die Schlauheit und Gewinnsucht, deren Keime übrigens im Nationalcharakter des Neapolitaners liegen und schon vor hundert Jahren auch in Capri von Hadrawa erkannt und aufgezeigt wurden, selbstverständlich vermehrt. Man kann Capri heute weder einen ländlich einfachen, noch einen billigen, noch einen primitiven Ort nennen. Die Cultur hat es gründlich beleckt.

Es hat aber dadurch weder an Reiz noch an Interesse verloren, und Niemand möge sich durch das Vorstehende abhalten lassen, seinen Fuss auf das herrliche Eiland zu setzen, das alle die geheimnissvollen Ahnungen erfüllt, die es in uns erweckt, wenn wir von Neapel oder einem anderen Punkte des Golfes aus seine ernste Sphinxgestalt feierlich aus dem glänzenden Meere aufragen sehen. Es ist ein schnell vorübergehendes Unbehagen, mit welchem uns beim Aussteigen aus dem alltäglich zwischen Sorrent und Capri verkehrenden Postruderboot oder aus der viermal wöchentlich aus Neapel kommenden Marktbarke die Zudringlichkeit der Frauen und Mädchen erfüllt, welche in dichtem buntem Knäuel uns an dem weissen, sonndurchglühten Strande erwarten und, sobald wir den Fuss auf die Lavablöcke des kleinen Quais gesetzt haben, mit betäubendem Geschrei uns ihre Dienste als Gepäckträgerinnen und Eseltreiberinnen anbieten oder uns zum Ankauf von Korallenschnüren, Muscheln, Schildpatt- und Lavagegenständen u. dergl. nöthigen wollen.

Die Benützung des von Neapel über Sorrento nach Capri fahrenden Dampfbootes ist dem nicht anzurathen, der nicht mit allen neapolitanischen Kniffen vertraut ist. Der Fremde wird, falls nicht gerade zwei Dampfer sich gegenseitig Concurrenz machen, gewöhnlich schamlos übervortheilt und oft auf demüthigende Weise geprellt, überdies von ambulanten Händlern, Spielleuten und Commissionären der Hôtels und Restaurants belästigt. Rückkehr nach Neapel am gleichen Tage ist allerdings nur unter Benützung des Dampfschiffes möglich; aber es ist unverzeihlich, Capri einen so kurzen Besuch machen zu wollen, um so mehr, als der Dampfer im Interesse der Neapler Hôtelbesitzer, welche ihre Opfer zum Souper wieder eingeliefert wissen wollen, sich nur circa drei Stunden bei der Insel aufhält.

Gewöhnlich wird eine der barfüssigen, schlankgewachsenen, sonngebräunten Dirnen, noch ehe wir uns besonnen haben und aus dem Anstaunen des malerischen Bildes erwacht sind, unser Gepäck auf den Kopf geladen und einen der nach der hochgelegenen Stadt führenden Pfade eingeschlagen haben. Wir thun am besten, ihr zu folgen und die Besichtigung der Marina Grande — wie der schmale, von einer Häuserreihe begrenzte, ein paar hundert Schritte lange Kieselstrand, der einzige Landungsplatz auf der Nordseite der Insel, heisst — zu verschieben. Haben wir doch in den Ruhepausen, zu denen die Steilheit des treppenartig zwischen gewundenen Gartenmauern sich hinaufziehenden Weges und die brennende Sonne uns zwingen, Gelegenheit, das wundersame Bild in uns aufzunehmen.

Nur ein beschwerlicher Pfad führt von dem Südstrande nach der Höhe des Sattels, auf dessen Rücken der Anfang der Strasse zwischen Capri und Anacapri entlang zieht, und auf dessen plateauartiger östlicher Erweiterung, auch in die südöstliche Abdachung sich mit hinabziehend, die Stadt Capri liegt. Auf der Nordseite, welche die natürliche Verkehrsseite der Insel und etwas weniger steil ist, führen dagegen — ausser der erst 1883 vollendeten Serpentinen-Fahrstrasse — drei uralte Saumpfade zur Stadt hinauf, einer am Ostende der »Marina Grande«, der andere ungefähr in der Mitte derselben, der dritte und Hauptweg am Westende,

1*

nahe der alten Kathedrale S. Costanzo beginnend. Die beiden
letztgenannten vereinigen sich auf etwa zwei Drittel der
Höhe; der erste trifft mit ihnen erst am Eingange der Stadt,
einem Thorbogen unter dem Uhrthurme, durch welchen man
direct auf den einzigen Stadtplatz tritt, zusammen.

Unsere Trägerin hat den östlichen Weg eingeschlagen.
Einen Koffer auf dem Kopfe balancirend, Mantelsack und
Umhängtasche in der Hand tragend, schreitet sie uns so
rüstig voran, dass wir sie mehrmals zu einem Halt auf-
fordern müssen, um uns den Schweiss zu trocknen — es
ist in der zweiten Hälfte des Juli und 2 Uhr Nachmittags
— und einen Blick auf die Umgebung zu werfen. Und
diese verdient betrachtet zu werden! Wenn nicht der
leibliche Mensch gewisse Rechte geltend machte und nicht
die Dirne mit ihren neugierigen Fragen und unablässigen
Belehrungen neben mir wäre, so möchte ich mich auf die
Felsstufen in den Schatten eines Citronenbaumes werfen und
den grossen Traum mitträumen, den die Natur in dieser
Stunde träumt. — Die mittäglichen Stunden haben im Süden
einen ganz besonderen Reiz; das Wort vom grossen Pan,
der schläft, hat einen tiefen Sinn, der nur den südlichen,
am vollen Busen der Natur ruhenden Völkern zum Bewusstsein kommen konnte. Traum und Wirklichkeit fliessen in
diesen Stunden seltsam ineinander. — So oft ich stehen
blieb, um auszuruhen und, die Arme auf eine der grauen
Steinmauern gestützt, über die niedrige Schutzwehr in die
grüne Wildniss der Bäume mit den regungslosen glänzenden
Blättern, den goldenen Früchten und dem berauschenden
Duft hineinschaute, vermeinte ich in eine Märchenwelt zu
blicken. Wenn ich mich auf einem der sonndurchglühten
Steine niederliess und den Blick nach rückwärts wendete,
wo, je höher wir stiegen, das Meer immer weiter und tiefer
erglänzte und in immer erhabenerem Rund der festländische
Küstenstreifen mit den schöngeschwungenen, duftumschleierten
Bergen und den schimmernden Ortschaften sich ausbreitete,
so schien es mir, als sähe ich die Natur nicht in ihrer
Wirklichkeit, sondern in einem Zauberspiegel vor mir. Kein
menschliches Wesen war zu sehen, kein Laut zu hören.
Selbst die Cicaden schwiegen. Regungslos lagen tief unten

die Fischerbarken auf der blau-grünen Fluth; regungslos lag
der Wasserspiegel selbst da. Unbewegt standen die kleinen
weissen Wölkchen am strahlenden Himmel; unbewegt ruhte
die federbuschartige dünne Rauchwolke über dem Gipfel des
Vesuvs. Es kam mir wie die Entweihung einer Andachts-
stätte, wie eine Störung der geheiligten Ruhe der Natur
vor, als die Trägerin, die ihre Last auf eine der zu solchem
Zwecke hie und da am Wege angebrachten gemauerten
Erhöhungen niedergesetzt hatte, mit einem energischen
Schwung dieselbe wieder aufs Haupt hob und mir zurief:
»Signurì fammo priest' pe venire 'n copp, ca i' aggio a
calà subbete a portar le prete«, d. h.: »Beeilen wir uns
hinaufzukommen; ich muss gleich wieder hinunter, um Steine
zu tragen.«

Wie um dies zu bekräftigen, holten uns fünf oder
sechs Mädchen im Alter von 12 bis 16 Jahren ein, deren
jede zwei oder drei Tuffsteine auf dem Kopfe trug. Sie unter-
liessen nicht, im Vorbeigehen ihre Vermuthungen über den
Lohn auszutauschen, den ihre glücklichere Gefährtin, die
Kofferträgerin, davontragen werde. Auf meine Frage erfuhr
ich, dass sämmtliche Steine für die Häuserbauten in Capri,
für welche, wie überall im Neapolitanischen, der vulcanische
Tuff verwendet wird, aus Sorrent kommen und ausschliesslich
auf den Köpfen dieser Mädchen vom Strande nach der Stadt
hinaufbefördert werden. Für jede Last, die aus zwei oder
drei Steinen besteht, erhalten dieselben zwei Soldi. Es
war also erklärlich und entschuldbar, dass die armen Geschöpfe, denen dieser Frohndienst obliegt, sich mit solcher
Leidenschaft die Bedienung der Fremden streitig machten,
und ich gönnte meiner rothbeturbanten blassen Trägerin vom
Herzen die Lira, welche ich ihr, über den üblichen Tarif
hinausgehend, versprochen hatte, und welche die Stein-
trägerinnen nur durch zehnmaliges Zurücklegen dieses Weges,
das heisst im Laufe eines ganzen Tages, verdienen können.

Doch konnte ich es nicht über mich gewinnen, so
schnell zu gehen, wie sie es wünschte, und ich nöthigte
sie oft, in Karyatidenhaltung auf der Felstreppe stehen zu
bleiben und sich über meine Bewunderung zu verwundern.
Es ist nicht blos der vollendetste und harmonischste süd-

ländische Charakter dieses Erdfleckes, sondern auch das höchst
Romantische und Malerische in dem Bilde, was den empfin-
denden Nordländer unwiderstehlich gefangen nimmt. Nichts
Gewöhnliches oder Gleichgiltiges ist vorhanden. Alles ist
wie mit ästhetischem Bewusstsein von der Natur geformt
und zusammengestellt. Wie wohlthuend stimmen die Farben
des Meeres, der Luft und der Berge zusammen! Wie fein
abgestuft geht das Grün der verschiedenen Fruchtbäume in
einander über! Gleichsam organisch stimmen die in unregel-
mässigen Reihen und Gruppen stehenden, flachgedeckten,
nur verticale und horizontale Linien zeigenden hellfarbigen
Häuser mit den steilwandigen hellgrauen und goldbraunen
Kalkfelsen überein, beide hellschimmernd, wo sie von der
Sonne getroffen werden, tiefblau und schwärzlich an den
beschatteten Flächen, jene von dunklen Fensterhöhlen mit
bunten Blumentöpfen, diese von Flecken dunkelgrünen Ge-
sträuches und Gestrüppes mit weissen und rothen Blüthen
unterbrochen. Wie harmonisch passt die kräftige dunkle
Farbe der zahllosen harzigen und würzigen Sträucher zu
der des Gesteins, das alle Schattirungen von Grau, Braun
und Blau aufweist! Wie siegreich widerstehen die dem Auge
wohlthätigen harten und glänzenden Blätter dieser sämmtlichen Pflanzen den glühenden Sonnenstrahlen, den braunen
Fruchtboden schützend, aus dem die würfelförmigen, flach
gewölbten, ergrauten Bauernhäuschen hervorgewachsen
scheinen.

Ich gab der Trägerin zufällig noch rechtzeitig das
Ziel an, zu dem ich geführt sein wollte, um ihr und mir
das völlige Hinaufsteigen bis zur Stadt zu ersparen; andern-
falls hätten wir ein paar hundert Schritte zurückkehren
müssen: denn das Haus, in welchem durch freundschaftliche
Vermittlung Wohnung für mich bereitet war, lag ausser-
und ein wenig unterhalb der Stadt, unweit der Hauptquelle,
zu welcher die Mädchen Capri's herabsteigen müssen, um
in Holzkübeln und Thonkrügen das frische Wasser heim-
zutragen. Es waren mehrere derselben, welche durch die an
meine Führerin gerichteten Fragen nach dem von mir ge-
wählten »Albergo« mich veranlassten, zu erklären: »Gar
kein Albergo, ich will nach dem Hause Canale«. — »Eccolo

quà, il palazzo Canale!« war die mehrstimmige Antwort, bei der alle auf ein mehrstöckiges graues Gebäude von gewaltiger Ausdehnung hinwiesen, dessen ganzer Umfang wegen der es umgebenden Bäume nicht zu erkennen war.

Obwohl aus Neapel und der Nachbarschaft an verfallene Patricierhäuser und verwahrloste Villen gewöhnt, stutzte ich ob des Anblickes, den dieser »Palazzo« darbot.

Ich beeilte mich, Näheres über die Geschichte des merkwürdigen Baues zu erfahren, der augenscheinlich bessere Zeiten gesehen hatte. Während ich deshalb ein Gespräch mit den Maurern anknüpfte, die in einem Flügel Ausbesserungsarbeiten ausführten, kam der Theilbesitzer dieses Flügels, der Pfarrer von Capri, herzu, der abwechselnd mit seinem Bruder, einem jovialen Junggesellen, die Arbeiten eifrig beaufsichtigte. Von ihm erfuhr ich, dass der »Palazzo« nicht viel weniger als zweihundert Jahre alt sei und ein Anrecht auf jenen Titel, der in Neapel jedem grösseren Wohnhause gegeben wird, wirklich besitze. Er war nämlich im Beginne des vorigen Jahrhunderts von einem der spanischen Bischöfe der Insel zu seiner Residenz erbaut worden. Bei seinem Tode hatte der würdige Herr ihn weder seinem Nachfolger noch dem Capitel, sondern den Theresianerinnen überlassen, die ein — ebenfalls noch vorhandenes, gleichfalls verwahrlostes und mit Miethbewohnern gefülltes — palastähnliches Kloster auf weitschauendem Punkte der Stadt besassen. Da die frommen Schwestern keine bessere Verwendung für das Geschenk hatten, so gaben sie es gegen einen uns heute lächerlich gering erscheinenden Zins sammt dem zugehörigen Gartengrundstück in Erbpacht, und zwar dem Ahnherrn der jetzigen Besitzer, der durch Klugheit und Fleiss seinen Nachkommen die Wege bahnte, durch Ablösung des Erbzinses sich zu Eigenthümern des Palastes zu machen. Doch dauerte es mit dessen Herrlichkeit nicht lange. Die politischen Umwälzungen am Ende des vorigen und am Anfange unseres Säculums gingen selbst an diesem weltentlegenen Eilande nicht spurlos vorüber. Wie manchem anderen »Palazzo« der beiden Königreiche und dem königlichen Palais in Neapel selbst, so wurde auch unserem Palazzo Canale der Sturm gefährlich, der von den Ufern der Seine aus das alte Europa

durchsauste, besonders da ihn ein devoter Diener und Anhänger des »Lazzaroni-Königs« bewohnte. Es war der Grossvater der jetzigen Besitzer, der eine Stellung am Hofe
Ferdinands IV. bekleidete und es vorzog, mit seinem Herrn
nach Sicilien in die Verbannung zu gehen, als die gottlosen
Franzosen 1806 Neapel und die Engländer Capri besetzten.
1808 kamen die Franzosen unter Lamarque und entrissen
die Insel den letzteren, wobei sie Kanonen bis auf den Monte
Solaro schleppten und von der Höhe aus die Stadt bombar-
dirten. Die Kugeln, welche den Palazzo trafen und deren
manche noch darin aufbewahrt werden, zerstörten den westlichen Theil desselben. Die langjährige Abwesenheit des
Besitzers, der erst nach der Restauration zurückzukehren
wagte, verursachte einen beschleunigten Verfall.

Dem Parroco und seinem unbeweibten Bruder Don
Carlo gehört die Westhälfte des Hauses, das auf der an den
Hügel gelehnten Seite zwei, auf der anderen drei Stockwerke hat und zwei Seitenflügel besitzt. Die Osthälfte
ist unter fünf Geschwister: einen Vetter und vier Basen
des genannten Bruderpaares getheilt; ich habe mich nicht
bemüht, herauszubringen, in welcher Weise die schwierige
Aufgabe der Erbvertheilung gelöst worden ist. Für den
männlichen Erben, einen Canonicus in der Basilicata, ist
ein noch über den Oberstock sich erhebender Mittelbau,
aus einigen Zimmern mit Schränken voll geistlicher Bücher,
alten Landkarten, Crucifixen und Heiligenbildern bestehend,
vorbehalten. Nur eine der Schwestern ist verheiratet, und
zwar mit einem Ex-Gendarmeriewachtmeister, der
als früherer Bewohner der Hauptstadt mit einigem Stolz
auf die Capresen herabsieht und seine Musse dazu benützt,
die Küche mit Fischen und Hummern aus dem Meere zu
versehen. Die anderen drei Schwestern, wahre Typen be-
schränkter, bigotter, aber gutmüthiger, schwatzhafter und
unglaublich bedürfnissloser Vertreterinnen südländischer
Weiblichkeit, dem gefährlichen Alter längst entwachsen, in
welchem Eifersucht ihr Einvernehmen stören könnte, leben
in hinlänglicher Eintracht und gemeinsamem Haushalt. Sie
nähren sich von den Einkünften einer gemeinsam geleiteten,
von sechs bis acht Nachbarskindern besuchten Elementar-

schule, welche zwischen 10 und 12 Frcs. monatlich einbringt,
und von dem aus Zwiebeln, Bohnen und Tomaten bestehenden Ertrage eines kleinen Gartens, sowie der gelegentlichen
Vermiethung einiger zu diesem Zwecke sauber ausgestatteter
Vorderzimmer. Das gemeinsame Wohn- und Empfangs-
zimmer der drei Jungfrauen enthält eine Mustersammlung
von Allem, was eine neapolitanische Wohnung an Kunst-,
Schmuck- und Andachtsgegenständen aufweisen kann, wenn
Generationen zu der Sammlung beigetragen haben. Auf dem
runden Tische in der Mitte eine ehrwürdige Stutzuhr mit
zerbrochenem Zifferblatt und kopflosen Rococo-Schäferinnen,
ein bronzenes Schreibzeug und eine Mappe mit vergilbten
Photographien; auf den marmorbelegten messingbeschlage-
nen Commoden schöncostümirte süsslächelnde Heilige aus
Papiermaché unter Glasglocken: ein S. Francesco di Paola
in schwarzer goldgestickter Kutte und Capuze, mit dem
Strick umgürtet, schwarze Sandalen an den nackten Füssen,
die Hand mit den aristokratisch feinen, schlanken, weissen,
durchsichtigen Fingern auf die Brust gelegt, den durch-
dringenden Blick unter weissen buschigen Brauen mit
forschendem Ausdruck des markirten weissbärtigen Antlitzes
nach oben gerichtet — ein Werk der weltbekannten Special-
industrie Lecce's, und ein heil. Joseph, mit violettem Talar
und gelbem Seidenmantel bekleidet, den Bambino im Arm,
eine hohe Lilie in der einen, einen Nelkenstrauss in der
anderen Hand; auf einem Ecktischchen ein Heiligenschrein
mit Glaswänden, hinter denen man auf hohem Piedestal die
Madonna sieht, in ein vielgefaltetes, mit Puffen, Krausen,
Borten, Volants besetztes schwarzes Taffetgewand und einen
weissen Spitzenschleier gekleidet, eine riesige Krone aus
geschwärztem Silberblech auf dem Haupte, ein breites Schwert
fast bis zum Griff in der Brust; an den Wänden gänzlich
erblindete Spiegel mit kunstvollen, aber zerbrochenen und
durch den Staub unkenntlich gewordenen geschnitzten
Rahmen mit Festons und Wappenschildern; dazu der Arm-
lehnen beraubte steife Sessel mit hohen Lehnen und Spuren
der einstigen Vergoldung, und an den Wänden fromme
Holzschnitte, grellbunt gemalte Copien wunderthätiger
Madonnen und Heiligenbildchen in Rahmen aus buntem

Stroh, Papier und Glasperlen, Werke der geschickten und geduldigen Nonnenhände.

Ich darf nicht mit derselben Ausführlichkeit die übrigen Theile des labyrinthischen Hauses schildern, dessen Treppen theilweise zusammengefallen, dessen zahlreiche Säle und Zimmer zum Theil unbewohnt und unbewohnbar, zum Theil mit Gerümpel gefüllt, dessen Souterrains — einst Wein- und Vorrathskeller, Wasch- und Kelterräume — als Kuhställe und zur Aufbewahrung von Viehfutter, Holz, Dünger, Kalk und Steinen dienen.

Dagegen will ich in Kürze noch meiner übrigen Hausgenossen gedenken, da sie in ihrer Mannichfaltigkeit als Vertreter der Bewohnerclassen Capris gelten können. Meine nächste Nachbarin im Oberstock ist eine Bäuerin mit drei Kindern im Alter von 4—11 Jahren, quecksilbernen Geschöpfen, die von Sonnenauf- bis -untergang in allen Winkeln des Hauses und Gartens umherjagen und die einzige Wohnstube nur betreten, wenn Mittags die grosse irdene Schüssel mit Nudeln, Bohnen oder Kichererbsen auf dem steinernen Fussboden dampft oder Abends nach dem Ave Maria und dem Rosenkranzgebet die Decke auf dem Boden ausgebreitet wird, die ihnen zur gemeinsamen Schlafstätte dient. Die Frau ist Witwe seit dem Erdbeben-Unglück von Ischia. Ihr Mann befand sich in Casamicciola, in den dortigen heissen Mineralquellen für ein rheumatisches Leiden Heilung suchend. Er hatte noch ein letztes Bad zu nehmen, als der Ort in einen Trümmerhaufen verwandelt wurde, unter dem er begraben blieb. Nach langem Harren ist den Hinterbliebenen aus den gesammelten Geldern eine Entschädigung von 3000 Lire zu Theil geworden — für die hiesigen Verhältnisse eine hübsche Summe. Die selbständige Bewirtschaftung des kleinen Gütchens ist aber für das alleinstehende Weib eine schwere Aufgabe. Die Hausgenossen behaupten, dass dies auch der Maurer eingesehen habe, der als Untermiether eins der beiden auf den grossen gewölbten Mittelcorridor hinausgehenden Zimmer der Witwe innehat, und die drei ledigen Schwestern wollen wissen, dass es nicht mehr lange bei dem abendlichen Rosenkranz-Duett bei offener Thüre bleiben werde.

Seit kurzem ist in einen anderen Theil dieses Stock-
werkes ein älteres Ehepaar eingezogen, das vor drei Jahren
nach der Insel gekommen und bisher Bewohner des Thurmes am Stadteingange gewesen ist — einer Residenz, die
romantisch und aussichtsreich, aber allen Winden und
Sonnenstrahlen gar zu schutzlos ausgesetzt war. Der Mann
war Gerichtsschreiber im Beneventanischen. Der Amts-
geschäfte waren gar viele: ein Gehilfe war nicht vorhanden; so musste er häufig nach Schluss der eigentlichen
Amtsstunden in der Kanzlei verweilen. Eines Tages glitt
er auf den Majolika-Fliesen aus und verrenkte sich die
Hüfte. Der Orts-Aesculap wagte sich nicht an die Wieder-
einrenkung, und das Bein blieb unbrauchbar. Da der Unfall in einer der Ueberstunden geschehen war, so wurde
die »Verletzung im Dienste« nicht anerkannt und der Invalide mit einem Ruhegehalt von monatlich 80 Lire ab-
gefunden. Er ist froh, jetzt eine Behausung gefunden zu
haben, für die er nur 10 Lire monatlich zahlt, wo er sich
einer gesunden und zuträglichen Luft erfreut und — da er
sich nur mittelst Krücken und unter Schmerzen zu bewegen
vermag — auf der Terrasse sitzend die schönste Aussicht
geniesst und alle Vorgänge auf dem Meere beobachten
kann.

Capri kommt mit Recht als Sommer- wie als Winteraufenthalt immer mehr in Aufnahme. Die praktischen In-
sulaner kommen dem Bedürfnisse der Fremden entgegen
und ihrem eigenen Wohlbefinden zu Hilfe, indem sie zahlreiche möblirte Wohnungen einrichten. Es giebt solcher
mehrere auch im Palazzo Canale, und sie haben ihre Bewohner gefunden, die mit den einheimischen Hausgenossen
zusammen eine seltsame olla putrida bilden, ohne sich gegenseitig zu stören, wie denn auf der ganzen Insel das
Zusammenleben und der Verkehr zwischen der zum Theil
unbeschreiblich armen Einwohnerschaft und den Fremden
aller Nationen ein freier, gemüthlicher und ungezwungener
ist. Die Capresen sind stolz auf den Ruf, dessen ihre Heimat
geniesst, sind sich des Gewinnes bewusst, den der Fremden-
zufluss ihnen bringt, und fühlen sich en bloc den Fremden,
auch den vornehmsten, dadurch näher gebracht, dass manche

derselben sich auf der Insel dauernd niedergelassen, mehrere sogar sich mit Mädchen einfachsten Standes verheiratet haben.

Der beste Theil der dem Schwester-Trio gehörigen Haushälfte ist an eine ägyptische Familie vermiethet. Dieselbe besteht aus einem jungen corpulenten Ehepaar ohne Kinder und dem einem Beduinen-Scheich »in Civil« gleichenden Vater des Ehemannes. Sie sind durch Kriegswirren aus Kairo vertrieben worden und freuen sich, hier ohne Furcht vor dem Mahdi ihren Kaffee schlürfen und vortrefflichen Tabak rauchen zu können. Das Erdgeschoss der Südseite, aus zwei Zimmern mit Küche und einer reizenden blumigen Loggia bestehend, hat eine feine und vornehme jüngere deutsche Dame inne.

Im Oberstock des Anbaues haust eine noch mehr alleinstehende, noch zurückgezogenere Vertreterin des angelsächsischen Stammes, welche die Sprache Ariosts auf eine erbarmungslose Art radebricht, dessenungeachtet den Ehrgeiz besitzt, durch Anknüpfung von Unterhaltungen mit Eseltreibern und Wasserträgerinnen zur Verbreitung der Achtung vor Old England, der guten Sitte und des wahren hochkirchlichen Glaubens beizutragen.

Während ich dies schreibe, dringt mit dem Duft der geschwefelten Reben und der Limonen ein Geruch von verbranntem Papier und mit dem Geräusch der Cicaden ein unterdrücktes Stöhnen aus der Wohnung unterhalb der meinigen empor. Ich trete auf den eisernen Balcon und sehe vor der in den Garten führenden Thür der Bauernwohnung den Zinsgärtner neben einem kleinen Feuer sitzen, über das er, vor Schmerz die Zähne in das eigene Knie drückend, den mit beiden Händen zusammengepressten rechten Fuss hält. Er ist im Schutte, der den Stall halb anfüllt, auf einen emporstehenden Nagel getreten, der ihm zolltief in die Ferse eingedrungen ist. Das barbarische Heilverfahren, das er einschlägt, soll probat sein, um das Stocken des Blutes und die Eiterung zu verhindern. Die Schmerzen sind so gross, dass er zeitweise in lautes Jammern ausbricht; aber er kehrt immer mit der Ferse in die Flamme zurück.

Auch dies ist ein Zug für das Bild der hiesigen Land-
bevölkerung. Was den jungen rüstigen Mann viel mehr be-
unruhigt als die Verwundung selber, ist die Aussicht, in der
jetzigen Obst-Erntezeit mehrere Tage lang nicht arbeiten
zu können und die Besorgniss, bei langsamem Verlaufe der
Heilung die Abreise nach Amerika aufschieben zu müssen.
Obwohl er Weib und Kind hat, ist er entschlossen, dem
Rufe eines Schwagers in Buenos-Aires zu folgen, um demselben in einem Osterie-Geschäfte an die Hand zu gehen. Die
Abwesenheit wird einige Jahre dauern. Der Frau, die guter
Hoffnung ist, bleibt unterdessen die Bewirthschaftung des
Pachtgütchens überlassen. Mit den amerikanischen Erspar-
nissen soll dann ein grösseres Grundstück gepachtet oder
ein eigenes gekauft werden.

Eine solche temporäre Auswanderung zum Zwecke
der Gewinnung eines kleinen Capitals ist namentlich in
Unteritalien etwas ganz Gewöhnliches, und zwar geht der
Auswandererstrom von hier fast ausschliesslich nach der
Argentinischen Republik, wo Klima und Bodenverhältnisse
denjenigen Italiens ähnlich und schon lange starke italienische
Colonien vorhanden sind. Zur dauernden Auswanderung
stellen z. B. Ischia, Procida und Capri ein sehr geringes
Contingent. Es ist bekannt, wie die jungen Männer von
Anacapri sich damit begnügen, während der Sommermonate
auf die Korallenfischerei in den sardinischen, sicilischen und
tunisischen Gewässern auszuziehen und im Winter daheim
Feld und Garten zu bestellen. Dagegen entschliesst sich auch
mancher zu der erwähnten temporären Auswanderung über
See. Vor Kurzem begegnete ich auf einem Morgenspazier-
gange einem halben Dutzend Mädchen, welche wohlum-
schnürte Koffer, Kisten und Truhen auf den Köpfen von
Anacapri herabtrugen. Es war das Reisegepäck dreier junger
Männer, die nebst vier anderen von dem Orte Capri in
Buenos Aires ihr Glück versuchen wollten. Die Weiber,
Schwestern, Schwägerinnen hatten die gewichtigen Truhen
mit dem Bedarf an Kleidung, Schuhwerk, Bettzeug, Arbeits-
zeug gefüllt und schleppten dieselben den stundenweiten
Weg nach dem Strande hinab. Binnen einigen Stunden
sollte die Ruderbarke sie nach Neapel führen, von wo zwei

Tage später der Dampfer, ohne einen anderen Hafen zu berühren, nach dem unbekannten Eden abgehen sollte. Heute schwimmen sie schon auf den atlantischen Gewässern. Glück zu! Und auf Wiedersehen unter den heimischen Oelbäumen!

Noch ist meine Aufzählung der Hausbewohner nicht vollständig. Im hinteren Theile des Erdgeschosses wohnt ein alter Fischer mit einem jungen Weibe und dem landesüblichen halben Dutzend von Kindern, die sämmtlich beim Fang und Verkauf der Seethiere mit beschäftigt werden. Der Alte ist ein Prachtexemplar seiner Classe: eine breitschulterige gebückte Gestalt in graulichem, auf der behaarten Brust offenem Hemde und schlotternden Kniehosen von derber Leinwand, welche die dunkelbraunen Beine bis über das Knie sehen lassen; ein von zahllosen Falten durchfurchtes, wetterhartes und sonnverbranntes Gesicht mit gutmüthigem Ausdruck der grauen Augen und humoristischem Zug um den schmallippigen Mund; auf dem grauen Haupte die von Sonne und Salzwasser gebleichte braunrothe wollene Fischermütze, die bis auf die Schulter herabhängt und mit dem Brustbausch des Hemdes als Aufbewahrungsort für die Schnupftabaksdose, den Kautabak, ein baumwollenes buntes Sacktuch und etwaiges Papiergeld dient. Die eben reifenden Früchte von den paar Feigenbäumen in dem kleinen Garten kann er nicht mehr selber abnehmen; die Gelenkigkeit der Beine hat in siebzig Capri-Sommern und -Wintern gelitten. Die Augen leisten dafür noch vortreffliche Dienste. Wenn, wie es öfter vorkam, des widrigen Windes halber die Marktbarke aus Neapel bis nach Sonnenuntergang ausblieb, so trieb es ihn an Mondscheinabenden auf das flache Dach des Hauses, wo sich die fremden Gäste theils zur Abendmahlzeit, theils zur Beobachtung des lavaüberströmten Vesuvs zu versammeln pflegen, um an die mit Ferngläsern Bewaffneten die Frage zu richten, ob das Fahrzeug in Sicht sei. Die zweifelnde Antwort setzte ihn stets in Erstaunen; denn wenn das Schiff nahe genug war, so erkannte er es mit blossem Auge, während wir Anderen Mühe hatten, es mit dem Feldstecher herauszufinden.

Als Seemann ausser Dienst — marinajo in ritiro — bezeichnet sich der letzte Hausbewohner, dessen ich zu gedenken habe, ein etwas linkisch und verlegen auftretender, aber verschlagen und berechnend dreinschauender hagerer Fünfziger, der wohl bei der Marineverwaltung oder einer Schifffahrtsgesellschaft angestellt gewesen sein und ein kleines Ruhegehalt beziehen mag. Von demselben vermag er unter starken Einschränkungen mit einer Frau und Tochter zu leben, welche letztere sich zur Elementarlehrerin aus-bildet, um — wie die Nachbarinnen spitz bemerken — »Fräulein« titulirt zu werden. Er hat den Abschied genommen, weil »er nicht mehr nöthig hatte, zu dienen«; doch hat er augen-scheinlich ausser seinem Ruhegehalt keine Existenzmittel. Der ehemalige Gendarmerie-Wachtmeister hat sich für ein Billiges eine lancia, d. h. ein winziges Ruderboot, ange-schafft und fährt allmorgentlich auf den Fisch-, Krebs- und Polypenfang — angeblich zu seiner Unterhaltung und Kör-perstärkung; doch unterlässt er nicht, den Fang in seiner Küche oder durch Versilberung nutzbar zu machen. Der Aristokratie ist auch diese Art der Aufbesserung einer ge-drückten Vermögenslage verwehrt, d. h. durch ihre An-schauungen unmöglich gemacht. Das Schwestern-Trio ertheilt zwar Elementar-Unterricht gegen Geld; doch dies gilt als eine Art aristokratischen Sports, den ja sogar die Kloster-schwestern, die aristokratischsten der Frauen, betreiben; sie vermiethen zwar einen Theil ihrer Wohnung als camere mobigliate, aber nur, »weil jene für sie selber zu geräumig ist«. Begegnet man ihnen in der Abenddämmerung auf dem Wege vom oder zum Städtchen, so kann man wetten, dass sie mangels dienenden Personals eigenhändig, aber mög-lichst heimlich eine Kleinigkeit zum Abendessen eingekauft haben. Eines Abends stiess ich mit der ältesten unter dem Portal zusammen. Sie war im Hut und schwarzen Mantel-schleier und trug einen runden Gegenstand in der Hand. »Ich habe für einen Soldo Salat gekauft,« flüsterte sie mir zu; »man braucht es aber nicht zu wissen.«

Capitel II.

# Erscheinung und Natur der Insel.

Der schöngeschwungene Vesuv und die starre Felseninsel Capri können als der symbolische Inbegriff und die
unvergleichlichen Wahrzeichen des Neapeler Golfes mit allen
seinen Schönheiten, Schrecken und Traditionen bezeichnet
werden. Wird das trunkene Auge, welches über das perlen-
besetzte Halbrund der gartengleichen Küste hinschweift,
immer wieder von der in der Mitte thronenden, violett
schimmernden Vulcan-Pyramide mit der weissen oder röthlichen Rauchpinie angezogen, so kann der Blick nicht über
die glänzende Fluth des lockenden Golfes wandern, ohne
unwiderstehlich immer von neuem durch die räthselhafte
Felsensphinx gebannt zu werden, die in mächtiger Gestalt
und doch wie ein azurnes Duftgebilde im Süden aus dem
Meere auftaucht.

Ist es die Lage am Eingange des schönsten Meer-
busens, an der Seestrasse zu den Wundern des Südens? Ist
es die seltsame Gestalt, die geheimnissvolle immer wechselnde
Färbung, was den Nordländer so mächtig nach Capri zieht?
Der fremde Pilger, der sich in dem bunten Gewimmel der
üppigen Parthenope berauscht, der in den phlegräischen
Gefilden Schauer der Unterwelt, des Mythus und der Poesie
auf sich wirken lässt, der auf dem einsamen Burgfelsen von
Cumae und am misenischen Vorgebirg sich in heroische
Zeiten zurückträumt, der von den cönobitischen Höhen von
Camaldoli und San Martino das »zur Erde gefallene Stück
des Paradieses« überschaut, der wonnetrunken in Lorbeer-
und Orangenhainen oder schaudernd über heisse Lavatrümmer
oder voll sinnenden Staunens durch die antike Vesuvstadt
wandelt und am grottenreichen sorrentinischen Gestade selbst-
vergessen dem Gesange der Sirenen lauscht — er schaut
immer fragend nach dem Fels-Eilande hinüber und ist nicht
befriedigt, bevor er von dort auf das entzückende Küsten-

Strasse beim »Albergo Pagano».

halbrund zurückblicken kann. Es ist, als müsste Capri den
andern Wundern des Golfes die Krone und den Schlüssel
hinzufügen.

So ist es in der That in mehr als einer Hinsicht.
Nicht blos die Grossartigkeit im Aufbau und der Erscheinung der Insel, die Originalität ihrer Profile, die überraschende Küstenbildung, der echt südländische Charakter
der Vegetation, die Ueberfülle an malerischen Bildern, die
entzückende Wechselwirkung von Schönheiten des Landes
und der See sowie die Lage, welche den ganzen Golf vom
Cap Misenum bis zum Vorgebirg der Minerva sammt seinem
leuchtenden Städtekranz mit einem Blick zu umfassen gestattet, machen Capri sozusagen zu einem Symbol und
Schlüssel für die so mannigfaltigen Herrlichkeiten des campanischen Küstenparadieses; sondern es kann auch in geschicht-
licher Beziehung als das Prototyp der ganzen umliegenden
Landschaft, ja ganz Unteritaliens und seiner Geschichte betrachtet werden. Hat nicht die ungemein günstige Lage der
Insel vor der Mitte der buchtenreichen Westküste Italiens
schon in grauester Vorzeit seefahrende Hellenen zur An-
siedlung verlockt? Ist nicht von hier aus die wahrscheinlich
älteste aller griechischen Colonien auf italienischem Festlande, Surrentum, demnächst die zukunftreichste von allen,
Neapolis, gegründet worden? Die noch heute begangene
bewundernswerthe Felsentreppe von Anacapri ist ein Denk-
mal des hellenischen Alterthums. Griechische Sprache und
Sitte haben sich bis tief in die Kaiserzeit auf der Insel erhalten, und unverkennbare Spuren der griechischen Abkunft
weisen die Bewohner noch heute in Gestalten, Haltung und
Zügen auf. Die Unnahbarkeit der steilen Felsküste, vereint
mit dem wonnigen Klima, dem berauschenden Pflanzenwuchs,
dem ungestörten Genussleben, lockte dann den räthselhaften
kaiserlichen Menschenfeind hierher, dessen tragische Gestalt
und historische Thaten für immer mit Capri verknüpft
sind. Durch den greisen Tiberius wurde Capri zu einem
dramatischen Schauplatze gestempelt. War lange vor dem
Beginne der italischen Geschichte der Ruf des campanischen Küsten- und Insel-Paradieses so weit gedrungen, dass
ein Homer hieher den zauberischen Schauplatz heroischer

Erlebnisse verlegte, so wurde in den letzten zehn Jahren der tiberianischen Herrschaft der Name Capris an den fernsten Grenzen des römischen Reiches nicht vernommen, ohne Bilder von Ausschweifungen und Metzeleien heraufzubeschwören. Die Insel sah sich ihrer Lage und ihrer mannigfachen Reize wegen zum Schauplatze von Schändlichkeiten gemacht, gerade wie später die schönsten Theile Italiens Jahrhunderte lang am schwersten unter der Geissel von Tyrannen, Barbaren und Wüstlingen zu leiden hatten.

Viele Jahrhunderte hat danach das liebliche Eiland unbekannt und ungenannt dahingelebt. Der politischen Befreiung Unteritaliens ist seine sozusagen poetische Wiederentdeckung durch die hyperboräischen Künstler und Dichter vorangegangen, gleichwie die ewige Roma durch die von allerwärts herbeipilgernden Erforscher und Bewunderer ihrer idealen Schätze zu einem Gemeingute der strebenden und fühlenden Menschheit gemacht wurde, bevor sie in die Gemeinschaft des neuen Italiens eintrat.

Heute gemahnen uns nur die kolossalen Trümmer der Schlösser des Augustus und Tiberius an die Schreckenszeit, in welcher Rom vor den Blutbefehlen zitterte, die von Capri ausgingen, in welcher die Bevölkerung des Weltreiches mit Staunen und Grausen nach dem Fels-Eilande blickte und in welcher vielleicht in der hochthronenden ›Jupitersvilla‹ mit Gleichgiltigkeit der Bericht eines Boten des Landpflegers Pilatus angehört ward, der von der Kreuzigung eines Hebräers im fernen Judäa berichtete. Wie die Zeit, die Seeluft und die Sonne der Jahrhunderte die mächtigen Palastmauern zernagt und gebleicht haben; wie die Prachträume von Schutt und Erdmassen angefüllt, im Boden begraben und vom Grün überwuchert worden sind, so sind auch jene Schreckgestalten zu Schatten abgeblasst, und die Erinnerung an sie kann uns das Behagen an der wonnigen Gegenwart nicht stören. Capri ist für uns nur ein landschaftliches Eden. Wir fühlen, wenn wir den Fuss auf das Eiland setzen, uns wie in ein Reich glücklicherer Wesen versetzt, und wenn es uns vergönnt ist, Wochen und Monde in diesen Hesperidengärten zu verbringen, so thun wir es in dem tagtäglich sich stärkenden Bewusstsein, dass es auch im schönen Italien

schwer sein möchte, einen zweiten Fleck zu finden, der so
wie dieser einer Wohnung der Seligen gleicht.

Wer Vergleiche liebt, mag die Gestalt Capris mit
derjenigen einer trümmerhaften Sphinx oder eines ver-
stümmelten Marmor-Sarkophags vergleichen, der durch Ver-
witterung goldgelbe Farbe angenommen, in den Vertiefungen
sich mit moosigem Grün überzogen hat, während einzelne
Ecksäulen und zahlreiche Zierrathen hinabgestürzt sind.
Kommt man näher, so bemerkt man, dass die grünen
Stellen üppige Gärten oder Strecken immergrünen Busch-
werkes, dass die ringsum verstreuten Fragmente meer-
bespülte Klippen und Blöcke und dass die losgelösten Säulen
gewaltige Felspfeiler sind, welche mit senkrechten Wänden
isolirt aus der Fluth aufragen.

Auf der Karte erscheint Capri in der Gestalt eines
liegenden Stulpstiefels, dessen Schaft nach Westen, dessen
Fuss nach Osten gerichtet ist. Die Fusspitze liegt dem
Capo di Campanella, der äussersten Spitze der Sorrentiner
Halbinsel, gegenüber und ist von dieser durch einen Sund
von beträchtlicher Tiefe, aber nur fünf Kilometer Breite,
die bocche di Capri, getrennt. Strabo (V, 4, 8) sagt:
»Die Ueberfahrt von dort (vom Athenäischen Vorgebirge
oder Sirenen-Cap) zur Insel Capri ist kurz«. Tacitus
(Annalen IV, 67): »Er (der Kaiser Tiberius) . zog
sich nach der Insel Capri zurück, welche durch einen drei
(römische) Meilen breiten Sund von der Spitze des Sorrentiner Vorgebirges getrennt ist.« Die Westhälfte, das Gebiet
von Anacapri, ist eine Hochebene mit schroff zum Meere
abfallenden, scharf gezackten Rändern, nach Westen ab-
gedacht, gegen Osten mit zunehmender Steile ansteigend,
um sich hier zu der höchsten Erhebung der ganzen Insel,
dem Monte Solaro (608 Meter über dem Meere), aufzu-
thürmen und dann in senkrechter Wand nach Osten abzustürzen. Da diese Wand die ganze Insel von der Süd- bis
zur Nordküste quer durchzieht, so entstehen zwei scharf
getrennte Inselhälften, die von urältester bis in die neueste
Zeit nur durch eine schwindelsteile Felsentreppe verbunden
waren und im Typus der Einwohner, den Sitten und Beschäftigungen, dem Charakter und der wechselseitigen Ent-

2*

fremdung bis heute deutliche Spuren der jahrtausendlangen Trennung bewahrt haben.

Am Fusse der genannten Felswand zeigt die Kammlinie der Insel eine starke Einsenkung. Auf einem Sattel von circa 140 Meter Höhe, von dem sich nördlich eine breite, südlich eine engere Thalsenkung zum Meere hinabzieht, liegt gerade da, wo sich die stärkste Einschnürung zwischen Schaft und Fuss des Stiefels befindet, der gleichfalls Capri genannte Hauptort der Insel. Unmittelbar ostwärts desselben steigt das Terrain abermals an, thürmt sich zu mehreren 240 bis 260 Meter hohen kegelförmigen Bergen auf und erreicht am äussersten Ostende die Höhe von 323 Meter, um plötzlich mit senkrechten Wänden zum Meere abzustürzen.

Es sind dem Tacitus und Sueton nachgesprochene Ungenauigkeiten, dass Capri nur an einer oder ein paar Stellen zugänglich sei, dass man von einem Punkte aus die ganze Küste übersehen könne und dass Niemand zu landen vermöge, ohne vom Wächter bemerkt zu werden.[1] Ist das Meer völlig ruhig, was einen grossen Theil des Jahres der Fall ist, so können Boote an vielen Stellen anlegen und Leute ans Land setzen, so im Norden bei den sogenannten Bagni di Tiberio, bei der Cala del Portuso, neben der Blauen Grotte und bei der Batteria del Capo, im Westen in den verschiedenen Buchten, aus denen thatsächlich im Hochsommer Ladungen von Trauben und indischen Feigen direct verschifft werden, im Süden bei der Unghia Marina, der Punta Tragara, im Osten bei der Punta del Marzullo, der Grotta del Monaco und unterhalb der Mithrasgrotte. Der Name »Cala«, das heisst Aussteigeplatz, der vielen Küstenpunkten anhaftet, ist an und für sich ein Beweis für unsere Behauptung. Die Geschichte des Fischers, der zu seinem Schaden plötzlich vor Tiberius stand, nachdem er

---

[1] Tacitus nämlich beschreibt die Küste so (Annal. IV, 67): ». . . . Ringsum ist das Meer hafenlos und giebt es kaum ein paar Bergungsplätze für mässig grosse Fahrzeuge; auch könnte Niemand ohne Wissen des Wächters landen«. — Nach Sueton (Tiberius 40) fand Tiberius an der Insel »hauptsächlich deshalb Gefallen, weil sie nur an einer einzigen kleinen Uferstrecke zugänglich, sonst überall von steilen ungeheuer hohen Felsen und tiefem Wasser umgeben war.«

an der für unersteiglich gehaltenen Felswand bis zur Schloss-
höhe hinaufgeklettert war, zeigt, dass selbst die steilsten
Küstenstellen nicht unzugänglich waren.[1]

Dagegen ist richtig, dass als regelmässige Landungs-
plätze nur die beiden Strand-Ebenen in der Mitte der Nord-
und der Südküste, die sogenannte Grosse und Kleine Marina,
angesehen werden können. Die letztere bietet, weil dem
offenen Meere zugewendet, bei hochgehender See fast keinen
Schutz und überhaupt nur den kleinen Fischerkähnen eine
Zuflucht; auch die Marina Grande ist erst seit wenigen
Jahren durch einen Molo so weit geschützt, dass es nicht
mehr bei jeder Nord- und Ost-Brise nöthig ist, die Fahrzeuge auf den Strand zu ziehen. Von allen übrigen Küstenpunkten müssen bei bewegter See die Schiffe sich fern
halten; denn überall fallen die Felsufer steil und klippen-
umstarrt in die Meerestiefe.

Die grösste Längenausdehnung Capris — zwischen
der Punta Carena im Südwesten und dem Cap S. Maria
im Nordosten — beläuft sich auf $6^1/_5$ Kilometer; genau in
west-östlicher Richtung zwischen der Punta del Niglio und
der Punta del Monaco gemessen, ergeben sich $5^3/_4$ Kilometer.
Die grösste Breite, zwischen Punta delle Gradelle und Punta
del Tuoro, beträgt $2^4/_5$ Kilometer, die geringste Breite,
zwischen den Küstenpunkten nördlich und südlich vom Orte
Capri, 1 Kilometer. Der Umfang beläuft sich auf 15 bis
16 Kilometer, der Flächeninhalt auf 15 Quadrat-Kilometer.[2]

Geologisch ist Capri eine Fortsetzung der sorrentinischen Halbinsel. Gestein, Terrainbildung, Bodenbeschaffenheit sind die gleichen. Ungleich Ischia, Procida und den
Küsten des Golfes einschliesslich des Tuffstein-Ufers von

---

[1] Nach Sueton (Tiberius 60) liess der Kaiser »ihm mit
dem Fische das Gesicht zerreiben, weil er sich darüber entsetzt
hatte, dass jener an der Rückseite der Insel über schwierige und
unwegsame Stellen bis zu ihm hinaufgeklettert war«.

[2] Plinius (Naturalis Historia, III. 6) sagt: »Acht
(römische) Meilen von Sorrent entfernt ist das durch die Burg des
Fürsten Tiberius merkwürdige Capri von elf Meilen Umfang.« —
In Wahrheit beträgt die kürzeste Entfernung von Sorrent in der
Luftlinie $9^2/_3$ röm. Meilen, d. i. nahezu 14 Kilometer, der Umfang
$9^4/_5$ röm. Meilen.

Sorrento zeigt Capri keine Spur vulkanischen Ursprungs. Es besteht ausschliesslich aus dem Kreidekalk des Apennins, der auch die Berge von Sorrent und Massa bildet, weshalb den Alten die Insel als ein vom Festlande losgerissenes Stück galt [1]). Hie und da finden sich vulkanische Auswurfsmassen sowie unbedeutende Sandstein-Ablagerungen zwischen dem Tertiär-Kalk, dessen Schichten von Süd nach Nord geneigt sind. Der Neigungswinkel ist verschieden. Er beträgt an der Südküste zwischen den Faraglioni und der Punta Ventrosa 25—35 Grad, bei der grünen Grotte 40 Grad, bei der Grotta Marmolara und an der Südwest-Spitze 60—70 Grad.

Der Kalkformation verdankt Capri seine zahlreichen Grotten. Im Inneren der Berge, an den Steilwänden in den verschiedenen Höhen, am Niveau des Meeres und sicherlich auch tief unter dem Meeresspiegel sind theils durch das sickernde Wasser, theils durch die nagenden Wogen, theils durch das gemeinsame Wirken beider Ursachen in jahrtausende-langer Arbeit jene kleinen und grossen Höhlungen ausgewaschen worden, welche nicht blos durch merkwürdige Formen und Dimensionen, durch überraschende Stalaktiten-Bildungen, durch seltsame Licht- und Farbenwirkungen und den zauberhaften Reiz der aus- und einfluthenden oder lautlos die schattigen Wölbungen widerspiegelnden Gewässer uns fesseln, sondern auch als Zeugen der geologischen Geschichte der Insel von höchster Wichtigkeit sind. Denn, wie der neueste englische Beschreiber Capris, Mac Kowen (Capri S. 3) sagt: »Mittelst der durch die blosse Thätigkeit der See oder durch die combinirte Wirkung des säurehaltigen Regen- und des Seewassers gebildeten Grotten und Höhlen hat die Natur die Geschichte des Auftauchens Capris aus dem Meere sowie seiner Senkungen und abermaligen

---

[1]) So sagt der Geograph Strabo (I, 3, 19): »Einige glauben, Lesbos sei vom Ida abgerissen, wie Procida und Ischia vom Cap Misenum, Capri vom Vorgebirge der Athene und Sicilien von der Landschaft von Rhegium«, und (VI, 1, 6): »Auch Procida und Ischia sind losgerissene Theile des Festlandes, ferner Capri und Leucosia (vor Punta Licosa) und die Sirenen-Inseln (»Li Galli« vor der Südküste der Sorrentiner Halbinsel) und die Oenotriden (vor Velia).«

Erhebungen geschrieben.« Der genannte Beschreiber kommt zu folgenden im Grossen und Ganzen wohl annehmbaren Ergebnissen bezüglich der geologischen Perioden der Insel:

Dieselbe ist nicht von allem Anfang an vollständig aus dem Meere aufgetaucht. 200 Meter und mehr über dem Meere sieht man ringsum eine Anzahl grosser von den Wellen ausgewaschener Höhlungen, welche beweisen, dass viele Jahrtausende lang der Meeresspiegel in dieser Höhe oder vielmehr die Insel in der entsprechenden Tiefe gestanden haben muss. In jener Urzeit hatte also der Monte Solaro nur zwei Drittheile seiner jetzigen Höhe. Die westliche Hälfte des Territoriums von Anacapri war vom Meer bedeckt; ebenso der Sattel zwischen der grossen und der kleinen Marine, die Stelle der Stadt Capri und die sämmtlichen Einsenkungen zwischen den Bergspitzen der Osthälfte, so dass hier nur der Colle di Castello (Castiglione), der Monte S. Michele, der Tuoro Grande (Monte del Telegrafo) und die nordöstliche Halbinsel als Eilande hervorragten, während die Faraglioni noch nicht sichtbar waren. Statt einer Insel war demnach eine Gruppe von fünf Inseln vorhanden, von denen die westlichste und die östlichste den grössten Umfang hatten.

Die genannten Aushöhlungen befinden sich vorwiegend auf der Süd- und Ostseite der Insel, wo die Wellen des offenen Meeres mit grösster Macht anbrandeten und senkrechte Küsten ihnen Trotz boten. Die grössten Höhlen sind diejenigen unterhalb des »Salto di Tiberio« (Grotta del Monaco) und des Castiglione, ferner die Grotta dell' Arco an der Ostwand des Monte Solaro, die Grotta Cocuzzo und ein paar weniger bekannte an dessen Südwand. — Die Hebung der Insel muss ungemein langsam vor sich gegangen sein, um dem Meere Zeit zu lassen, den Boden der Höhlen bis auf 75—100 Meter zu vertiefen, worauf dann vielleicht eine plötzlichere Revolution erfolgte, welche die Höhlen hoch über den Meeresspiegel hinaufrückte. An dem neuen Niveau begann dasselbe Spiel abermals, und seine Wirkungen sehen wir in dem grossen Kranze von Grotten, in die uns bei einer Umfahrt das Boot hineinträgt und unter denen eine weltberühmt geworden ist.

Zu einer gewissen Zeit und zwar spätestens noch im Beginne unserer Zeitrechnung, muss Capri, wie später bei der Beschreibung der Blauen Grotte des Näheren bewiesen werden wird, um ein Geringes mehr als jetzt über den Meerèsspiegel emporgeragt haben. Das Vorhandensein antiker Baureste unter dem jetzigen Wasserspiegel am Westende der Marina Grande, bei den sogenannten Bagni di Tiberio, und am Porto di Tragara, die im Wasser liegenden Trümmer des Ausflusses der Hauptcloake des antiken Capri, die Beschaffenheit der als Fundamente für die antiken Bauten benützten Felsen und andere Zeichen lassen schliessen, dass die Insel gleich der festländischen Küste des Golfes nach der römischen Kaiserzeit langsam gesunken ist. Dass sie sich darauf von neuem gehoben habe, beweisen die offenbar von dem Spiele der Wogen herrührenden in übereinstimmender Höhe befindlichen Auswaschungen in der Blauen Grotte und in einigen Mauerresten der Bagni di Tiberio. Da die ausgewaschenen Stellen sich fünf Meter über dem gegenwärtigen Niveau befinden, so ist klar, dass die Gebäude und mit ihnen die ganze Küste, eine zeitlang fünf Meter tiefer im Wasser gestanden haben müssen als jetzt. Dies wird ferner durch eine Reihe kleiner flacher Aushöhlungen bestätigt, die in ungefähr derselben Höhe sich um die Küste ziehen und beweisen, dass die durch sie bezeichnete, übrigens auf der Südseite von 3·70 Meter (bei Punta Carena) bis 6·70 Meter (bei Punta del Marzullo) ansteigende Linie einige Jahrhunderte lang das Niveau gebildet haben muss. Eine Reihe ähnlicher aber noch flacherer Auswaschungen lässt sich am jetzigen Niveau bemerken, das also ebenfalls ein Bestehen von einigen Hundert Jahren verräth.

Es ist nachgewiesen, dass ganz ähnliche Senkungen und Hebungen des Bodens und entsprechende Veränderungen des Meeres-Niveaus auch an anderen Punkten der Golfküsten von Neapel und Pozzuoli, also wahrscheinlich im ganzen Umkreise derselben, stattgefunden haben. An den Ufern der Sorrentiner Halbinsel, namentlich bei Sorrento, finden sich mehrere Meter unter dem Wasserspiegel zahlreiche Reste römischer Bauten, deren zertrümmerter Schmuck an Marmorornamenten, buntem Gestein, Ziegeln, Fussbödenmosaïk u. s. w. noch heute fortwährend durch die Wogen an den Strand geworfen wird, und mit dem Nachen fährt man in Grotten und Gebäudetheile hinein, die ursprünglich zweifellos auf dem Trockenen lagen. Die Senkung begann wahrscheinlich in den letzten Jahrhunderten der Kaiserzeit. Sie erreichte — vermuthlich in wenigen Jahrhunderten — den Betrag von 11 Meter, worauf die Insel etwa ein Jahrtausend auf dem neuen Niveau verharrte, um dann seit dem 15. oder 16. Jahrhundert sich wieder um fünf Meter zu heben. — Bei der Beschreibung der Blauen Grotte werden diese Ergebnisse eine bemerkenswerthe Beleuchtung erfahren.

Wo die Steilheit der Felsen es nicht verbietet, ist das Kalkgestein Capris mit vulkanischen Auswurfmassen bedeckt, deren oberste Schicht sich in Fruchterde verwandelt hat. Sowohl die Aschenmassen wie die Pozzolan-Erde mögen zum Theil gleich der eine Menge von Seethieren enthaltenden Kalkschicht schon vorhanden gewesen sein, als das Eiland aus dem Grunde des vulkanischen Golfes, den die Griechen »Krater« nannten, auftauchte. Theilweise haben sie aber erst bei späteren Vulkan-Ausbrüchen die Insel bedeckt; denn in der Gegend der alten griechischen Nekropole zwischen der nach Anacapri führenden Fahrstrasse und dem Monte Castiglione sind sechs Meter unter der Oberfläche aufrechtstehende Stämme sowie Zweige und Wurzeln von Buschwerk in carbonisirtem Zustande in der Asche gefunden worden, gerade wie man dergleichen um den Vesuv herum findet.

Mit seiner Nordküste unter 40° 33' nördl. Breite gelegen, erfreut sich Capri eines ausgezeichneten Klimas und dank seiner Gestaltung und Bodenbeschaffenheit sowie dem umgebenden Meere einer hervorragend gesunden und wohlthätigen Luft. Am wärmsten ist es an den Abhängen der Einsattelung, namentlich an den »Marinen«, wo Orangen- und Limonenbäume den ganzen Winter ohne künstlichen Schutz bleiben. Auch die auf der Höhe des Sattels 140 Meter über dem Meere gelegene Ortschaft Capri, wo diese Fruchtbäume theilweise durch Matten gegen die übrigens seltenen Nachtfröste geschützt werden müssen, hat ein mildes Klima, da sie mit Ausnahme der dem Neapeler Golfe zugewendeten Seite allerwärts durch Berge gegen die Winde geschützt ist. So ist die Luft, welche beständig der Duft von Blüthen und würzigen Kräutern anfüllt, im Winter warm, während im Sommer die Seewinde angenehme Kühlung bringen. Minder geeignet für den Winteraufenthalt ist das 268 Meter hoch gelegene Anacapri, weil es weniger trocken und gegen die heftigen Westwinde minder geschützt ist.

In den Monaten November, December und Januar herrscht der warme und feuchte Südwind vor; im Februar und März der kühle und trockene Nord. Den langen Sommer hindurch wehen vornehmlich erfrischende West- und Nordwestwinde. — Der Regenfall ist sehr spärlich, so dass in manchen Jahren das in den Cisternen gesammelte Wasser für den Bedarf der spärlichen Bevölkerung nicht ausreicht. Im Sommer ist der Himmel wochenlang völlig wolkenlos; monatelang fällt zuweilen kein Tropfen Regen.

Ungefähr ein Drittheil der Inseloberfläche ist ganz unfruchtbar. Die anbaufähigen Strecken, namentlich in den geschützten Einsenkungen und Thälern, weisen eine üppige Fruchtbarkeit auf, erhöht durch die unermüdliche und geschickte Thätigkeit der Landleute, welche durch Einebnung des abschüssigen Bodens, durch Errichtung unzähliger Mauern und Mäuerchen und Anlage von Terrassen jeden geeigneten Bodenfleck auszunützen verstehen. Für den Getreidebau ist der Boden nicht geeignet; vorzüglich dagegen für Reben, Oelbäume, Orangen, Limonen, Gemüse und vielerlei Gartenfrüchte. Auch Feigen, Pfirsiche, Mandeln, Nüsse, Johannisbrot erhöhen den Ertrag der Grundstücke. Hochwald besitzt Capri nicht. Nur vereinzelt ragen aus dem dichten Buschwerk, das streckenweise die Bergabhänge bedeckt, immergrüne Eichen, Pinien und Lorbeerbäume auf. Die wilde Flora ist sehr reich. Sie zählt nach Mac Kowen über 800 Arten. Genannt seien von den hervorragendsten Pflanzen: Thymus fruticosus, Passerina hirsuta, Scylla maritima radice alba, Daphne gnidium, Pistacia lentiscus, Cineraria maritima, Arbutus unedo, Capparis rupestris, Chamaerops humilis, Cytisus ramosissimus, Lotus cytisoides, Helianthemum, Euphorbia dendroides, Orchis pyramidalis, Campanula fragilis, Cistus villosus. Eine vollständigere Auf-

zählung kann man bei R. Mangoni, Ricerche topogr. ed
archeolog. sull' Isola di Capri, Napoli 1834, S. 8 u. ff.
finden.

Der Aufenthalt in Capri ist mit demjenigen auf einem
Schiffe zu vergleichen. Die durch die Seewinde beständig
erneuerte Luft ist mit ihrer Frische, Milde, Reinheit und
Duftwürze für die Athmungsorgane wie für die Nerven
gleich wohlthätig. Reconvalescenten können schwer einen
geeigneteren Aufenthaltsort finden. Aber auch jeder Andere,
der Erholung von körperlichen oder geistigen Anstrengungen
sucht, dem Sammlung, Ruhe, Stärkung ein Bedürfniss ist,
wird in diesem wohlthuenden Klima, in dieser entzückenden
Landschaft, im grossartigen Frieden dieser erinnerungsreichen
Felshöhen, im Genusse unvergleichlicher Naturschönheiten
und in den ewig wechselnden Reizen der Meerfluth die
wonnige Befriedigung finden, welche seit den Zeiten der
hellenischen Seefahrer und der römischen Cäsaren Unzählige
hier gefesselt hat. Berichtet doch schon Tacitus (IV, 67)
von der Insel: »Das Klima ist im Winter milde wegen des
vorliegenden Berges, durch den die rauhe Gewalt der Winde
abgehalten wird; der Sommer ist bei ihrer Lage gegen
Westen und dem ringsum offenen Meere höchst angenehm;
auch schaute sie auf den schönsten Golf, bevor der Feuer-
ausbruch des Vesuvs (24. Aug. 79 n. Chr.) das Aussehen
der Gegend veränderte.« Wie entzückend dieses Aussehen
war, zeigen uns wenige Worte des kundigen Reisenden
und Geographen Strabo, die gewiss auf Augenschein be-
ruhen. »Der ganze Golf«, sagt er (V, 247), »ist besetzt
theils mit den genannten Städten, (Surrentum, Pompeji,
Herculaneum, Neapolis, Puteoli, Bajae), theils mit Häusern
und Pflanzungen, die sich dazwischen ohne Unterbrechung
ausdehnen, so dass sie wie eine einzige Stadt aussehen.« —
Den schimmernden Kranz von Ortschaften kann man auch
heute noch vom Cap Misenum bis nach Torre Annunziata
und Pompeji sich in den Fluthen spiegeln sehen; ebenso
die Hesperidengärten, welche jahraus jahrein die Landschaft
in üppiges Grün kleiden. Nur der Vesuv hat sich verändert.
Er, der heute als nackte Lava- und Aschenpyramide aufragt,
mit der Rauchwolke gekrönt und in glühenden Farben

schimmernd, bildete damals einen breiten niedrigen wald-
grünen Hintergrund für die schmuckreichen Städte Herculaneum, Pompeji, Stabiae, die keine Gefahr von ihm befürch-
teten, ihre Heerden in seinem Waldesdunkel grasen liessen
und ihren nahen furchtbaren Untergang so wenig ahnten,
wie man in Capri ein Zurücksinken in die Fluthen für möglich halten konnte.

---

Capitel III.

# Geschichtliches.

Der Name unserer Insel, der trotz der scheinbaren
nahen Verwandtschaft nichts mit capra (Ziege) zu thun
hat, kommt vielmehr gleich dem antiken Namen der Nach-
barinsel Ischia von einem griechischen Thiernamen her.
Wie die »Pithecussae« auffallenderweise, aber ganz un-
verkennbar nach πίθηκος (Affe) benannt waren, so hat
»Capreae« offenbar seinen Namen von κάπρός (Eber) erhalten,
muss also füglich als die »Eber-Insel« und nicht als die
»Ziegen-Insel« bezeichnet werden, obwohl heutzutage keine
Eber, wohl aber zahlreiche Ziegen auf dem Eilande zu
finden sind. Noch Cerda und Heyne führten den Namen
auf den Reichthum an Ziegen zurück, ohne zu bedenken,
dass ihn die Römer schon von den Griechen überkommen
hatten. — Nach Fr. Alvino (»Le antiche ruine di Capri,
disegnate e restaurate ecc.«) soll das Wort tyrrhenischen
Ursprungs sein und »Insel des rauhen Gesteins« bedeuten.
— Martorelli (»De theca calam.«, p. 550) leitet es vom
phönicischen Kaprajim (»zwei Städte«) ab.

Die Form des Namens ist bei den alten Schriftstellern
eine verschiedene. Strabo schreibt ihn Καπρέαι und Καπρίαι,
Plutarch Καπρίαι, Ptolemäus Καπρέα, Dio Cassius und
Xiphilinus Καπρία, Stephanus von Byzanz Καπρίη und

Julianus Καπραία. Der römische Name lautet bei Vergil, Tacitus, Plinius, Statius, Sueton, Juvenal übereinstimmend Capreae, bei Solinus und im Itinerarium Antonini Capraria.

Als die ältesten Ansiedler Capris wurden von den Alten übereinstimmend Teleboer aus Akarnanien, der westlichsten Landschaft Mittel-Griechenlands, bezeichnet, und es ist wahrscheinlich, dass diese Tradition auf einer Thatsache fusste. Denn dass der älteste Verkehr Griechenlands mit Italien von der Westküste und den derselben vorgelagerten Inseln ausgehen musste, lag in der Natur der Sache, und dass gerade die Akarnanen schon vor den Korinthern und Chalkidiern, welche letzteren wir als die ersten Ansiedler von Ischia und Cumae kennen, sich auf italienischem Boden festgesetzt haben, lehrt uns die akarnanische Factorei Ortygia, die Vorläuferin von Syrakus. Tacitus (Annales, IV, 67) sagt: »Die Sage berichtet, dass diese Gegenden die Griechen gefesselt haben und dass Capri von Teleboern besiedelt worden sei.« J. Beloch (Campanien, S. 6. 28. 252) hält es für ausgemacht, dass die Westhellenen, den Spuren der Phönizier folgend, ebenso wie nach Sicilien, auch nach Campanien und den vorliegenden Inseln den Weg gewiesen haben und dass es Teleboer aus Leukas und Akarnanien waren, welche — der Sage nach schon vor dem trojanischen Kriege, jedenfalls vor dem Jahre 1000 v. Chr. — Capri besetzt haben, von wo sie das von Lipara aus besiedelte Sorrent, die zweite Griechenstadt in Campanien, hellenisiren halfen, vielleicht ihre Herrschaft auf das Sarnus-Thal ausdehnten und den Grund zur Stadt Neapolis legten. Phönizier waren ihnen auch hier vorausgegangen. Die Insel, auf welcher jetzt das Castel dell' Ovo steht, führte durch das ganze Alterthum den phönizischen Namen Megaris oder Megalia und trug wahrscheinlich eine phönizische Factorei. Wie der gemeinsame nur hier sich findende Cult der Sirenen als Hauptgottheiten beweist, ging die erste Ansiedelung auf dem Boden des nachmaligen Neapel — damals nach der Sirene Parthenope benannt — von Capri aus. Oebalus, Sohn des Teleboer-Königs Telon in Capri und der Nymphe Sebethis, soll die Capreaten nach dem Festlande hinübergeführt und einen grossen Theil des südlichen Campanien sich unter-

worfen haben. Vergil singt von ihm in der Aeneis (VII,
733 u. f.):

> »Dir auch mangele nicht ein Platz in meinem Gesange,
> Oebalus, welchen die Nymphe Sebethis dem Telon geboren,
> Wie man erzählt, als jener das teleboische Capri,
> Schon bei Jahren, beherrschte u. s. w.«

Odysseus, der mythische Repräsentant der abenteuer-
reichen griechischen Entdeckungsfahrten in die Westsee,
war auf einer der akarnanischen Inseln zu Hause, und die
Schilderungen der Odyssee von der Insel der Circe, vom
Gestade der Cimmerier, den Sirenen, der Scylla und Charybdis
beweisen zur Genüge, dass die frühesten jener Entdeckungsfahrten nach der Mitte der italischen Westküste gerichtet
waren. — Die von Capri aus sichtbaren vor der Südküste
der Sorrentiner Halbinsel liegenden Fels-Inselchen, jetzt Li
Galli genannt, führen noch bei Strabo (V, 4, 8) den Namen
Σειρῆνες (Sirenen): »An Pompeji schliesst sich das campa-
nische Surrentum, von wo aus das Athenäische Vorgebirge
sich vorstreckt, welches Einige das Sirenencap nennen. Auf
der Spitze desselben befindet sich ein Tempel der Athene,
eine Gründung des Odysseus. Die Ueberfahrt von dort zur
Insel Capri ist kurz. Biegt man aber um die Landspitze,
so liegen da öde Fels-Inselchen, die man Sirenen nennt.«
Derselbe widerspricht (I, 2, 12) der von Eratosthenes ge-
äusserten Meinung, dass unter den Σειρηνοῦσσαι ein drei-
gipfliger Berg zu verstehen sei, der den kymäischen Golf
(Meerbusen von Neapel) von dem poseidoniatischen (Golf
von Salerno) scheide, folgendermassen: »Doch dieser Felsen
ist weder dreigipflig, noch gipfelt er überhaupt in die Höhe,
sondern ein langer und schmaler Arm streckt sich von der
Sorrenter Gegend nach der Meerenge von Capri vor, der
auf der einen Bergseite den Sirenentempel trägt, während
auf der andern im poseidoniatischen Meerbusen drei öde
Fels-Inselchen vorliegen, die man Sirenen nennt. An der
Meerenge selber liegt der Athenetempel, mit dem auch die
Landzunge gleichen Namens ist.«

Die römischen Dichter der Kaiserzeit gefallen sich darin,
den uralten Bewohnern den Erinnerungstribut darzubringen.

Des Silius Italicus »Punica« nennen (VII, 50) »des greisen Telon felsige Insel« und singen (VIII, 418):

»Der Nereïden Schaar, von gewaltigem Schrecken erschüttert,
Wallet betäubt und eilig zurück zum bekannten Gebiete,
Wo der Teleboer Reich sich mitten im Meere erhebet.«

Die »Silvae« des Statius, Gelegenheitsgedichte und Zeitbilder des hochgebildeten, gefühlvollen Neapeler Poeten, der unter Domitian schrieb, erwähnen unsere Insel wiederholt:

». . Und der Teleboer Heim, wo tröstlich zagenden Schiffern
Flamme des Leuchtthurms winkt, nachtwandelnden Mondes Rivalin.«

(III, 5, 100.)

»Capri, das reiche, erbebt und auch die grünen »Tuori«;
Rückwärts kehrt vom Lande des Meeres gewaltiges Echo.«

(III, 1, 128.)

»Capri begrüsste sie erst, und goss mareotischen Weines,
Spende vom rechten Bord — der tyrrhenischen Göttin Minerva.«

(III, 2, 23.)

Aelter und ehrwürdiger als die anderen Griechenstädte Campaniens: als die Ansiedlungen in Neapel, Sorrent, Ischia, Cumae, Paestum, konnte Capreae bei der Geringfügigkeit seines Gebietes und seiner Bevölkerung nicht zu politischer Bedeutung kommen. War doch in Folge der geographischen Trennung zwischen den beiden Inselhälften sehr früh auch eine Scheidung in zwei selbständige Gemeinwesen eingetreten. Strabo giebt an (V, 4, 9): »Capreae hatte vor alters zwei Ortschaften, später eine. Die Neapolitaner besassen auch diese Insel.« Wann die Unterwerfung unter Neapel erfolgt sei, erfahren wir nicht; es muss vor 326 v. Chr. gewesen sein, in welchem Jahre Neapel trotz dem Bündnisse mit den Tarentinern und Samniten, trotz seiner durch Natur und Kunst festen Lage und der mächtigen Flotte von den Römern genommen ward. Neapolitanische Münzen sind in Capri wiederholt gefunden worden, darunter eine Doppeldrachme sehr alten Gepräges, welche einen unbehelmten Frauenkopf und auf der Rückseite den mannsköpfigen Stier im Profil mit der Umschrift Νεηπολις zeigt.

Neapolis, Rhegium und Capreae waren die einzigen Städte Gross-Griechenlands, in denen bis in die Kaiserzeit hinein griechische Sitte und Sprache auch amtlich in Geltung blieben. Dank der Abgeschlossenheit und Unbedeutendheit der Insel sind auch später hier nur spärliche Vermischungen erfolgt und haben die Spuren der griechischen Abkunft ebenso wie denkwürdige Baureste aus der hellenischen Zeit sich bis heute erhalten.

Die schlanken und doch kräftigen Körperformen, namentlich der Frauen und Mädchen, die feinen Gliedmassen, der reine Gesichtsschnitt, die edle und anmuthige Haltung, ein gewisses schwermüthiges Wesen — Eigenschaften, die sich zwar durchaus nicht allgemein, aber doch bei vielen finden, bezeugen unwiderleglich, dass das hellenische Blut sich in mancher Familie erhalten hat.

Will man sich, ohne der Phantasie grosse Anstrengung zuzumuthen, in die zwei- bis dreitausendjährige Vergangenheit der Insel zurückversetzen, so braucht man nur von der Marina auf der uralten Treppe, die nach Anacapri führt, aufwärts zu steigen, bis man die letzten vereinzelten Häuser hinter sich hat und von dem kräftigen balsamischen Duft der Hunderte von gewürzigen Gräsern, Stauden und mannshohen Sträuchern umwogt wird, über die man abwärts auf das von wenigen Segelbarken durchzogene Meer, aufwärts nach den steilaufstrebenden Wänden des Monte Solaro blickt, an denen vor Tausenden von Jahren diese schwindelnde Stufenreihe hinaufgeführt worden ist.

Setzt man sich hier nieder, das Städtchen im Rücken, so beeinträchtigt nichts die Vorstellung, dass man um ein paar Dutzend Jahrhunderte zurückversetzt sei. Damals werden, wie jetzt, die steilen Berghalden mit niedrigem Wald und Buschwerk bedeckt gewesen sein, unter dem niedrige Steineichen, Arbutus, Pistacia Lentiscus, Thymus fruticosus, Passerina hirsuta, Daphne gnidium, Erica, Myrthe, Euphorbia, Cytisus, Ginster u. v. a. vorwiegen und mit würzigen Aromen die warme Luft erfüllen. Die primitiven Kalköfen, die hie und da mitten im Dickicht angelegt sind, um an Ort und Stelle den Kalkfels mittelst des Holzwerkes, das auf ihm wächst, in Baumaterial zu verwandeln, können in der Con-

Auf der antiken Felsentreppe.

struction keinen Fortschritt gegenüber der Griechenzeit gemacht haben. Die Barken mit den dreieckigen Segeln, die
da tief unten am Felsstrande entlang ziehen, stören gleichfalls die Illusion nicht.

Und nun kommen sie daher, die unermüdlichen Dirnen
von Anacapri, laut einander zurufend, singend und plau-
dernd in einem Dialekt, der dem Ungeübten wie eine längst
entschwundene Sprache vorkommen muss, barfüssig und
leicht bekleidet, in einer Gewandung, die trotz der Aerm-
lichkeit, dem kattunenen Stoff und dem veränderten Schnitt
an diesen schlanken Gestalten uns wie ein Rest aus besserer
Zeit anmuthet.

Oft habe ich auf der Scalinata, die unvergleichliche
Standorte bietet, Platz genommen, um diese anziehendsten
Nachkommen der alten Anacaprioten beim Auf- und Ab-
steigen mit Musse betrachten zu können. Hundert malerische
Bilder bieten sich dar. Man konnte an künstlerische Composition
glauben, wenn man die Mädchen in bunten Gruppen aus der
Tiefe heraufsteigen sah, wenn eine nach der anderen, an das
dunkelgrüne, blüthenbesäte Gezweig streifend, vorbeizog, wenn
eine Nymphengestalt hoch oben nach kurzem Rückblick
hinter dem steilen Profil des Felsens verschwand, wenn eine
andere, mit beiden Händen die Last auf dem Haupte unter-
stützend, auf eine Anrede stehen blieb und, ohne den Kopf
zu wenden, die schwarzen Augen seitwärts lenkte, wenn
die rothen turbanartigen Kopftücher über den gebräunten
schwarzgelockten Stirnen, die Korallenhalsbänder und schwach-
vergoldeten Kupfer-Ohrringe in der Sonne leuchteten, wenn
eine ermüdete Trägerin mit kräftigem Schwunge der braunen
Arme den Korb vom Haupte hob und sich mit überein-
andergelegten Füssen am Treppenrande niederliess, während
die Begleiterin in Karyatidenhaltung neben ihr stehen blieb
und zwei reine Profile mit der schönsten Stirn- und Nasen-
linie, den feinsten Lippen und dem verführerischsten Kinn
sich auf dem Hintergrunde des hellen Himmels abzeich-
neten, wenn der blaubeschattete oder goldgelbe Fels und
das dunkle unbewegte Meer eine Folie für die zwischen den
grünen Gesträuchen auftauchenden und von ihnen einge-
rahmten Prachtgestalten bildeten, deren Gewänder durch die

südliche Sonne und Seeluft zu einer unvergleichlichen Harmonie mit dem Hintergrunde abgetönte und abgeblasste Farben zeigten.

Capri blieb im Besitze der Neapolitaner bis in die Zeit der Herrschaft des Augustus. Ueber die Verfassung des somit zur kaiserlichen Domäne gewordenen Gemeinwesens sind wir nur unvollkommen durch einige Inschriften unterrichtet (Beloch, Campanien S. 282 ff.). Zwei oder drei Agoranomen (Aedilen) standen an der Spitze der Comunalverwaltung; ausser ihnen wird es keine aus Volkswahl hervorgegangenen Organe der Selbstverwaltung gegeben, die Rechtsprechung wird ein vom Kaiser ernannter Präfect besorgt haben.

Lateinische Inschriften sind — mit Ausnahme der nicht auf der Insel hergestellten Ziegelstempel, Angaben auf Bleiröhren und einer Statuen-Inschrift — auf Capri gar nicht gefunden worden. Wohl aber dauerten mit der griechischen Sprache auch die Sitten und Festgebräuche des Hellenenthums in der Kaiserzeit fort, wie es Sueton's Angabe beweist, nach welchem (Aug. 98) Augustus »emsig den Uebungen der Epheben zuzuschauen pflegte, deren es auf Grund einer alten Einrichtung in Capri noch eine erhebliche Anzahl gab«.

Auch einen griechischen Dichter hat Capri hervorgebracht. Es ist der unter Ptolemäus Philadelphus lebende Blaesus, von welchem Lustspiele im dorischen Dialekt angeführt werden.

Merkwürdig stimmungsvoll ist das Bild, welches der unterhaltende, wenn auch zuweilen der hauptstädtischen chronique scandaleuse zuviel Platz einräumende Kaiser-Chronist Sueton, auf gute Quellen gestützt, uns von dem Aufenthalte des ersten römischen Kaisers auf seiner Inselbesitzung entwirft.

Es waren moderne, fast romantische Empfindungen, von denen Augustus auf dem schönen Eilande beherrscht wurde, wo dieselben Reize auf ihn wirkten, die uns heute locken und fesseln. Es giebt wenige Züge im Leben des Erben Cäsars, die uns einen so tiefen Blick in die gewöhnlich zurückgedrängte Seite seines Wesens: in die Leutseligkeit, das Naturgefühl und die Gemüthstiefe gestatten, wie jene kurze meisterhafte Beschreibung von seinem Verweilen auf dem griechischen Eilande. Er liebte die heiteren Küsten und Inseln Campaniens und machte ihnen in der Villeggiaturzeit oft Besuche. Schon im Beginn seiner Alleinherrschaft machte er Capri zu seinem Privatbesitz, und zwar tauschte er es von den Neapolitanern gegen das viermal so grosse und fruchtbarere Ischia ein, welches die letzteren dreihundert Jahre vorher im Kriege an Rom verloren hatten. Der Beweggrund war ein ganz romantischer, nämlich die Freude darüber, dass bei seiner Ankunft die welken Zweige einer hochbetagten Steineiche neue Kraft bekommen hatten.

Kurz vor seinem Tode, im Juli des Jahres 14 n. Chr., machte er noch eine Rundreise durch die Ufer- und Inselorte Campaniens und verbrachte auch in Capri vier Tage, die ihm grossen Genuss bereiteten, entschlossen, wie er war, sich lediglich der Ruhe und Heiterkeit hinzugeben. Als das kaiserliche Fahrzeug am Golf von Puteoli vorbeifuhr, hatten die Passagiere und das Schiffsvolk eines alexandrinischen Kauffahrers, der eben gelandet war, bekränzt und in weissen Gewändern Rauchwerk opfernd, ihm Glückwünsche zugerufen und ihn laut gepriesen, weil sie es nur ihm verdankten, dass sie am Leben seien, dass sie Schiffahrt treiben, sich der Freiheit und ihrer Glücksgüter erfreuen könnten. Dies machte ihm solches Vergnügen, dass er unter sein Gefolge Mann für Mann vierzig Goldstücke vertheilte und jeden Einzelnen eidlich versprechen liess, die Summe zu nichts anderem als zum Ankaufe alexandrinischer Waaren zu verwenden. In Capri fuhr er während der folgenden Tage fort, ausser kleineren Geschenken besonders Togen und Pallien auszutheilen, mit dem Befehl, dass die Römer sich der griechischen, die Griechen der römischen Kleidung und Sprache bedienen sollten. Bei den Schmausereien, die er für die Epheben veranstalten liess und denen er selber beiwohnte, gestattete, ja forderte er ungehemmte Fröhlichkeit. Alle durften sich auf das Obst, die Näschereien und kleinen Geschenke stürzen und sich jeden Scherz erlauben, woran er herzlichen Antheil nahm. Bei dem Gastmahl, während dessen er, aus dem Speisesaal hinausschauend, das Grab

seines Lieblings Masgabas von Fackeltragenden umringt
sah, machte er sich den harmlosen Scherz, griechische Verse
zu extemporiren und den ihm gegenübersitzenden Thra-
syllus, einen Freund des Tiberius, nach dem Autor zu fragen.
Die Höflingsantwort, dass die Verse, »Des Gründers Grab-
mahl seh' ich feuerüberstrahlt« und »Siehst du den Masgabas
durch Fackeln hochgeehrt?« von wem auch herrührend,
trefflich seien, versetzte ihn in grösste Heiterkeit, und er
knüpfte eine Menge Spässe daran. Nach vier Tagen verliess
er Capri, wohnte noch mit Tiberius in Neapel den ihm zu
Ehren eingesetzten gymnastischen Wettspielen bei und starb
kurz darauf in Nola, die Macht in den Händen desjenigen
lassend, der ebenfalls als Greis nach Capri zurückkehren,
aber ganz andere Erinnerungen dort zurücklassen sollte.

Was Capri während der Anwesenheit des Tiberius
wurde, ist gewissermassen schon vorgezeichnet in der kurzen
Angabe, die uns Tacitus über die Beweggründe des Kaisers
bei seiner Uebersiedlung nach der Insel macht. Wenn wir
erfahren, dass es die Abgeschiedenheit derselben, die Hafen-
losigkeit, die Unnahbarkeit der starren felsengepanzerten
Küste war, was den finsteren, argwohngeplagten Despoten
hieherlockte, so wird durch jene wenigen meisterhaften
Striche schon ein ahnungsvolles Bild von dem, was in dieser
Einsamkeit sich zutragen sollte, entworfen.

Seitdem Gregorovius die Gestalt Capris mit einem
Sarkophag verglichen hat, dessen Seiten schlangenhaarige
Eumeniden schmücken und auf dem Tiberius hingestreckt
liege, gilt es nahezu als unumgänglich, dem finsteren Tyrannen
in den Beschreibungen Capris den Ehrenplatz einzuräumen.

Ungesucht indessen gemahnt hier nichts an Tiberius'
Schändlichkeiten. So weltabgeschieden, so selbstgenügsam, so
eigenthümlich an Bildung und Vegetation, so überwältigend
durch Form- und Farbencharakter, so packend durch natürliche Reize stellt das felsumstarrte, fruchtbedeckte, sonn-
bestrahlte Eiland sich dar, dass das geblendete Auge wahrlich
nicht darauf verfällt, sich nach Spuren des römischen Kaisers
umzusehen. Ohne dass man sich nach ihnen umsieht, fallen
sie Einem aber nicht in die Augen. Denn nur trümmer-
hafte, zum grössten Theile verschüttete, wenn auch sehr

zahlreiche Baureste sind es, welche hier noch an die
Zeit des Tiberius gemahnen, wenn man nicht etwa ein
»Café di Tiberio« oder die halb verlöschte Inschrift des
jetzigen »Hôtel di Tiberio« zu diesen Erinnerungszeichen
rechnen will.

Im Jahre 26 n. Chr., im 68. Lebensjahre, hatte Tiberius
die Residenz in Rom, das er nicht wieder betreten sollte,
mit derjenigen in Capri vertauscht, weil er sich nur noch
in einer durch Meerestiefen und steile Felsküsten geschützten
Einsamkeit sicher fühlen konnte, nachdem der Verfolgungswahn ihn ergriffen und Sejanus es verstanden, ihm die Vor-
theile und Annehmlichkeiten einer solchen Zurückgezogenheit,
die ihn von lästigem Zudrange, von unangenehmen Re-
präsentationspflichten und widrigen Geschäften befreite, im
günstigsten Lichte erscheinen zu lassen. Und thatsächlich
konnte kaum ein anderer Ort sich mehr zum Aufenthalte
für einen ruhebedürftigen Autokraten, einen misstrauischen
Menschenfeind und einstigen Lüstling eignen, als die
ganz nahe der Küste Mittelitaliens gelegene und doch fast
unnahbare, mit allen Reizen der Natur geschmückte und
mit Prachtbauten und raffinirten Genuss-Anlagen ausgestattete
Insel. Von den hochragenden Palästen, die er in wunderbarer
Schnelle und mit staunenswerthem Aufwande aufführen liess,
vermochte er mit eigenen Augen einen grossen Theil des
Eilandes und des umgebenden Meeres zu überschauen. Seine
Wachen und Späher konnten die Annäherung jedweden
Fahrzeuges, mochte es von Italien, von Griechenland, von
Afrika oder Asien kommen, bemerken und verhindern. Nur
mit grosser Schwierigkeit konnte Zutritt zu dem Argwöh-
nischen erlangt werden, welchem Sejanus, um immer unge-
hinderter zu schalten, alle möglichen Bedrohungen und
Gefahren vorspiegelte. Nur wenige Vertraute wagte er ausser
Sejan in seiner unmittelbaren Nähe zu behalten. In beständiger
Furcht vor Nachstellungen liess er sich Horoskope stellen,
um sein Schicksal zu erforschen. Den Gelehrten machte er
durch läppische Fragen, Ausgeburten des gestörten Geistes
und der langdauernden Einsamkeit, zu schaffen, z. B. wie
die Mutter der Hekuba geheissen, welchen Namen Achilles
unter den Töchtern des Lykomedes getragen habe, was für

Lieder die Sirenen gesungen. — Nach Sueton wies er auf Capri
»jede Staatssorge so weit von sich, dass er fürderhin nicht einmal
die Ritterdecurien mehr ergänzte, weder die Militärtribunen und
Präfecten, noch die Provinzvorsteher wechselte, Spanien und
Syrien jahrelang ohne consularische Legaten liess, sich nichts
daraus machte, dass Armenien von den Parthern, Mösien
von den Daciern und Sarmaten, Gallien von den Deutschen
verwüstet wurde — zu grosser Unehre und nicht minderem
Nachtheile des Reiches. Ueberdies liess er, da die Versteckheit
ihm freieste Gelegenheit bot und er sozusagen den Augen
der Bürgerschaft entrückt war, allen lange Zeit nur schlecht
verhehlten Lastern auf einmal freien Lauf«.

Als Sejan, sein liebster Freund und Genosse, im
Jahre 31 Capri verliess, um sich nach Rom zu begeben,
nahm er einen höchst gerührten Abschied von ihm, was
ihn nicht hinderte, sich alsbald durch die Gegenpartei des
allmächtigen Günstlings von dessen Gefährlichkeit überzeugen
zu lassen und seine Vernichtung anzuordnen, auf welche
zahlreiche weitere Hinrichtungen in Rom folgten. Trotzdem
glaubte er sich auch jetzt so wenig sicher, dass er neun
volle Monate lang die hoch über der steilen Felsküste im
Osten der Insel gelegene »Jupitersvilla« nicht verliess.

Erst in der zweiten Hälfte des nächsten Jahres (32 n. Chr.)
entschloss er sich, zum erstenmale nach sechs Jahren, wieder
zu einer Reise nach der Hauptstadt. Laut Tacitus (VI, 1)
»fuhr er nach der Ueberfahrt über die Meerenge zwischen
Capri und Surrentum an der campanischen Küste hin, wobei
zweifelhaft blieb, ob er die Absicht hatte, die Hauptstadt zu
betreten oder sich nur den Anschein gab, kommen zu wollen,
während er das Gegentheil beschlossen hatte. Nachdem er
wiederholt ausgestiegen war und die nahen Gegenden besucht hatte, auch bis zu den Gärten (des Cäsar) längs dem
Tiber gekommen war, suchte er wieder die Klippen und die
Meereseinsamkeit auf, voll Scham über die Verbrechen und
Ausschweifungen, für die er so unwiderstehlich entbrannt
war« u. s. w. — Am Tiberufer waren Militärposten auf-
gestellt, damit Niemand sich dem kaiserlichen Dreiruderer
nähern könne.

Eine zweite Fahrt gen Rom unternahm er erst kurze Zeit vor seinem Tode. Er kam auf der Appischen Strasse bis zum siebenten Meilenstein, so dass er die Mauern der Stadt erblicken konnte, betrat sie aber auch diesesmal nicht, sondern kehrte über Astura und Circeji nach Misenum zurück, wo er am 16. März 37 n. Chr. starb, das römische Reich seinem entarteten Grossneffen Caligula, der die letzten fünf Jahre bei ihm in Capri verbracht hatte, die Prachtbauten auf der Insel aber der Verödung überlassend.

Ueber die Schicksale Capris in den nächsten Jahrhunderten fehlen uns so gut wie alle Nachrichten. Der Kaiser Commodus schickte seine Gattin Crispina und seine Schwester Lucilla hieher in die Verbannung, wo sie später umgebracht wurden, die erstere, weil sie der Untreue überwiesen war, die letztere, Tochter des Marc Aurel und der jüngeren Faustina, zuerst mit dem Imperator Lucius Verus, dann mit dem edlen und hochangesehenen Ritter Claudius Pompejanus vermählt, weil sie sich in eine Verschwörung gegen des kaiserlichen Bruders Leben eingelassen hatte.

Vermuthlich blieb Capri kaiserlicher Hausbesitz. Nach dem Sturze des weströmischen Kaiserthums und den Wechselfällen der Gothenkriege wird es mit Neapel unter die byzantinische Herrschaft gefallen sein. Dann muss es zu dem ziemlich selbständigen griechischen Herzogthume Neapel gehört haben, welches von Gaëta bis Amalfi sich erstreckte, mit Cumae, Sorrent, Stabiae auch die Inseln Ischia, Procida, Nisida umfasste und heftige Fehden mit den langobardischen Herzogen von Benevent, sowie den sicilianischen Arabern zu bestehen hatte, deren Raubschiffe die Küsten und Inseln Mittelitaliens heimsuchten.

Zur Zeit Papst Gregors des Grossen erfahren wir von einem den Mönchen von Monte Cassino gehörigen Benedictinerkloster oder -Hospiz auf der Insel, das dem heiligen Stephan geweiht war. Der Abt Lavinus hatte um die Ermächtigung gebeten, gewisse Reliquien der heil. Agathe in der Hospizkirche niederzulegen, und der Papst schrieb an den Bischof von Sorrent, er möge dem Gesuche willfahren. Es geht hieraus hervor, dass schon am Ende des 6. Jahrhunderts Capri zur Diöcese Sorrent gehörte. Das Kloster

stand vermuthlich da, wo sich heute die Kathedrale von
Capri befindet, da dieselbe 1688 an der Stelle einer dem
heil. Stephan geweihten alten Kirche errichtet worden ist.

Im Jahre 812 erschien eine Flotte von vierzig Sara-
zenenschiffen im Golfe von Neapel, dessen Küsten und Inseln
geplündert wurden. Um 868 trennte Kaiser Ludwig der
Deutsche Capri von dem Herzogthum Neapel und gab es
zum Lohne für geleistete Dienste dem Herzog von Amalfi.
Die Wacht- und Schutzthürme, deren malerische Trümmer
man, wie an vielen Punkten der festländischen Küste, auch
in Capri, namentlich oberhalb der antiken Felsentreppe, auf
dem Monte Solaro und dem Monte Castiglione sieht, wurden
zuerst im 9. Jahrhundert gegen die Ueberfälle der Sarazenen
errichtet, welche sich 860 bei Paestum festgesetzt hatten
und der Schrecken der nahen Küsten wurden. Hammer-
thürme nennen sie die Eingebornen, weil durch Hammer-
schläge auf eine Metallplatte das Warnungszeichen gegeben
wurde, sobald die Raubschiffe in Sicht kamen. Der Name
des Sorrentiner Vorgebirges an der Capri-Enge, der »Punta
di Campanella«, hat den gleichen Ursprung. Im Jahre 920
hatten die Capresen die Genugthuung, ein aus der blutigen
Seeschlacht gegen die Neapolitaner entronnenes Sarazenen-
schiff, das bei der Insel Zuflucht suchte, zu erobern und die
ganze Besatzung niederzumachen.

Als um 1130 der kluge und kühne Normannengraf
Roger von Sicilien sich Salernos, Amalfis und Neapels be-
mächtigte, wollten die Capresen laut der Chronik sich dem
neuen Herrscher nicht unterwerfen. Sie zogen sich vor der
normannischen Uebermacht in das jetzt sogenannte Barbarossa-Castell zurück und ergaben sich erst nach langem und
tapferem Widerstande, als die Lebensmittel ausgingen.

Mit Neapel ging Capri von den Normannen 1194 an
die Hohenstaufen und schon vor dem tragischen Ende
Konradins 1266 an die Anjous über. In dem Kriege, welchen
Karl II. von Anjou gegen die Aragonesen von Sicilien führte,
wurde es durch eine sicilianische Flotte von zwölf Galeeren
unter Bernardo di Serriano weggenommen, jedoch nach dem
Friedensschlusse zurückgegeben. — Unter dem König Ladislaus
(1386—1414) vereitelten die Capresen einen Anschlag der

Burgbesatzung, welche ihren Befehlshaber ermorden und desertiren wollte, wofür der König der Bevölkerung volle Steuerfreiheit verlieh, auch besondere Privilegien hinzufügte, als dieselbe sich zu selbständiger Vertheidigung der Insel gegen die sarazenischen Seeräuber organisirte. Während des Krieges zwischen dem letzten der Neapler Anjous, René, und Alfons V. von Aragonien und Sicilien traten die Capresen auf die Seite des Letzteren und leisteten ihm einen wesent-lichen Dienst, indem sie den arglos bei ihnen landenden Befehlshaber eines französischen Schiffes, welches 80.000 Scudi für René überbrachte, festnahmen und die Geldsumme, welche für die unbezahlten neapolitanischen Truppen bestimmt war, an Alfons auslieferten, der 1442 Neapel einnahm.

Auch die aragonesischen Herrscher bestätigten wieder-holt die Privilegien der Insel. Die beiden Gemeinden der-selben lebten fortwährend in schlechtem Einvernehmen mit einander, und es war eine Quelle heftiger Klagen und Beschwerden derer von Anacapri, dass die Verwaltung der ganzen Insel sich in Capri befand, wodurch sie zahlreichen Benachtheiligungen ausgesetzt waren. Am 24. October 1496 erlangten sie von dem letzten der aragonesischen Herrscher, Friedrich, einen Erlass, welcher ihnen unter Trennung von Capri volle communale Selbständigkeit verlieh und die Entscheidung von Streitigkeiten zwischen beiden Gemeinden den Neapler Gerichtshöfen zuwies.

Von 1503 bis 1707 wurden die neapolitanischen Länder von spanischen Vicekönigen regiert. Es begann zunächst eine unglückliche Zeit für Capri. Im Jahre 1535 eroberte der tunesische Corsarenfürst Chaireddin Barbarossa die Insel und zerstörte nach der Localüberlieferung die Häuser und Mauern der unweit der »Grossen Marina« um die Kirche S. Costanzo gelegenen alten Stadt Capri, neben welcher sich ohne Zweifel schon in den unruhigen mittelalterlichen Jahr-hunderten die besser geschützte Oberstadt, das heutige Capri, erhoben haben wird. Nach einer anderen Legende wurde die schon in Flammen stehende Stadt durch die Erscheinung des heil. Constanz gerettet und unter den Raubhorden ein solcher Schrecken erregt, dass sie eiligst ihre Schiffe wieder aufsuchten. Die aus diesem Anlasse zerstörte Burg von Anacapri führt bis heute den Namen Barbarossas. Ein Erlass des Vicekönigs Pietro von Toledo gestattete fürder allen Einwohnern den Besitz und das Tragen von Waffen. Doch muss die Bevölkerung in dieser Zeit sich sehr vermindert haben. Denn Capaccio sagt in seiner 1607 erschienenen »Neapolitana historia«: »Auf der Insel liegt das Städtchen Capri, welches eine sehr feste Burg besitzt und ungefähr 200 Einwohner hat, ferner das Dorf Anacapri mit einer Bevölkerung von ebenfalls 200 Seelen. Das Dorf Anacapri ist auf einem hohen Felsen erbaut, der durch einen schmalen, steilen und beschwerlichen Pfad zugänglich ist; jedoch für die Bewohnerschaft ist der Weg ohne Schwierigkeit, und sie schaffen auf ihm sogar Lasten auf- und abwärts. Die Einwohner des Dorfes sind Fischer, Seeleute oder Schiffsbauer; von den letzteren finden Viele Verwendung auf den königlichen Werften in Neapel, wo sie als sehr geschickt gelten. Wegen ihrer Beschäftigungen sind sie nothwendigerweise den grössten Theil des Jahres von der Heimat abwesend, weshalb sie ein Gesuch an den König richteten, nicht zu gestatten, dass die nach der Insel Verbannten die Nacht in Anacapri zubringen, da ihre allein gebliebenen Frauen belästigt werden könnten. Das Gesuch wurde bewilligt. Die Leute von Capri und von Anacapri sind verfeindet und thun sich aus Aerger allen möglichen Schaden an. In einem Gesuche derer von Anacapri an Kaiser Karl V., welches die Bestätigung der von dem aragonesischen Herrscherhause bewilligten Vorrechte erbat, führten sie Klage darüber, dass die Bewohner von Capri ihre Häuser beschädigten, ihre Boote und die Erzeugnisse ihrer Felder verbrannten und ihnen die Hecht-Fischerei verwehrten. Sie baten deshalb, der Statthalter der Insel möge drei Tage jeder Woche sich in Anacapri aufhalten, daselbst Gericht halten und sie wider die Capresen beschützen. — Die Inselbewohner sind von allen Steuern und Auflagen befreit und haben das besondere Vorrecht, stets bewaffnet gehen zu dürfen. Sie sind immer den Oesterreichern durchaus treu gewesen. Sie leben in sehr grosser Dürftigkeit, da sie sehr häufig durch die Türken ausgeraubt werden, welche die Seeleute und Fischer in die

Sclaverei schleppen. Es giebt zwei vornehme Familien auf der Insel: die Arcucci und die Faracci.«

Im Jahre 1656 suchte die Pest, welche im Neapolitanischen wüthete, auch die Insel furchtbar heim, so dass nicht Hände genug waren, um die Todten zu begraben, von Krankenpflege gar nicht zu reden. Viele Familien starben völlig aus und ein grosser Theil des Grundbesitzes ging in die todte Hand über.

Unter Karl II. wurden die alten Vorrechte der Insel abermals bestätigt. An Stelle des Civil-Statthalters wurde ein Officier an die Spitze der Verwaltung gestellt; die Rechtspflege besorgte ein gewöhnlich in Neapel residirender Richter. Dagegen hatte die Insel ihren eigenen Bischof, dessen Haupteinkommen im Ertrage des Wachtel- und sonstigen Zugvögelfanges bestand, weshalb man ihn scherzweise den Wachtelbischof nannte.

Unter Karl III., mit welchem 1734 die spanischen Bourbonen zur Herrschaft in Neapel gelangten, wurde die Vertheidigung Capris besser organisirt und den Corsaren-Ueberfällen oft mit Erfolg entgegentreten.

König Ferdinand IV. besuchte Capri oft, um der Wachteljagd obzuliegen, hielt auch zuweilen eine Parade über die Miliz ab, welche noch immer lediglich mit dem Schutze des Eilandes betraut und von jedem anderen Militärdienste frei war.

1782 wurde der Civil-Statthalter, welcher auf Bitten beider Ortschaften der Insel 1764 an Stelle des militärischen Oberhauptes ernannt war, in Folge der Klagen über seine unsittliche Lebensweise und Erpressungen wieder abgesetzt. Aber schon im folgenden Jahre führten die Anacapresen Klage über das neue militärische Regiment, weshalb fortan neben dem Officier auch ein Civilbeamter dauernd auf der Insel residiren musste.

Im Beginne des Jahres 1806 rückten die Franzosen in Neapel ein. Auch Capri erhielt eine kleine französische Besatzung, welche aber am 12. Mai dem Angriffe eines englischen Landungscorps unter Hudson Lowe erlag, welcher die Insel stark befestigte. An der Grossen und der Kleinen Marine, auf den Höhen von S. Maria del Soccorso, S. Michele,

Castiglione wurden Forts erbaut und mit Geschützen bewehrt; bei der S. Antonius-Kapelle oberhalb der grossen Treppe, auf der Spitze des Monte Solaro, bei Damecuta u. s. w. wurden Palissaden angelegt. Das »Kleine Gibraltar«, wie der englische Befehlshaber die Insel nannte, wurde den Franzosen sehr unbequem, weshalb Murat im Stillen eine Flottille bildete, welche am 4. October 1808 unter dem Befehle des Generals Lamarque die Insel angriff. Das 2000 Mann starke Landungscorps war siegreich. Die Engländer mussten am 16. October capituliren und abziehen.

Der neapolitanische General Pietro Colletta, bekannt als Verfasser einer vortrefflichen »Geschichte des Königreichs Neapel«, hatte in Fischerverkleidung die günstigsten Landungspunkte ausgekundschaftet und den Angriffsplan entworfen, den Lamarque so erfolgreich ausführte. — Der im Kampfe gefallene englische Major Hamill, an welchen eine 1831 durch seine Verwandten gestiftete Gedenktafel an dem kleinen Platze vor der Pfarrkirche Anacapris erinnert, ist in der letzteren bestattet.

Der als Befehlshaber der Insel zurückgelassene »Adjutant« Thomas errichtete eine Strandbatterie an der Nordostspitze unterhalb S. Maria del Soccorso und verband dieselbe durch eine Strasse mit dem Gipfel der Anhöhe. Weitere Befestigungen legte er am Ostende der Grossen Marina auf den Fundamenten des alten Klosters oder Hospizes S. Francesco und am Westende derselben beim Campo Militare (jetzt Villa Hahn), ferner an der Kleinen Marina (Batteria di Mulo) und im Westen auf den Vorgebirgen von Pino, Campitello und Orica sowie im Norden bei Punta Gradelle unweit der Blauen Grotte an; auch wurde die Festung auf dem Castiglione-Hügel verstärkt. Ueberall wurden schwere Geschütze und reichliche Besatzungen untergebracht.

Während der französischen Occupation wurden das Karthäuserkloster und die beiden Klöster der Theresianerinnen in Capri und Anacapri aufgehoben; die Einkünfte des grossen Landbesitzes des ersteren wurden der Kathedrale von Ischia zugewiesen.

Aus dem Jahre 1811 wird berichtet, dass ein Aschen-
regen, den ein starker Nordwind vom Vesuv herbeiführte,
die Insel bedeckte. —

1815 kehrte mit Neapel auch Capri unter die bourbonische Herrschaft zurück und hatte unter der Misswirth-
schaft gleich dem ganzen Königreiche zu leiden, so dass
zahlreiche Einwohner verarmten und die Bettelei überhand-
nahm. — In dem ehemaligen Theresianerinnen-Kloster zu
Capri wurde ein Invalidenhospital eingerichtet, welches man
später nach Massa Lubrense verlegte; doch finden sich auf
der Insel noch immer invalide bourbonische Soldaten, welche
dort einen eigenen Herd gegründet haben.

1818 wurde das Bisthum Capri aufgehoben und die
Insel mit der Diöcese Sorrent vereinigt. Capri wurde als
Zwangsaufenthalt für Uebelthäter benützt, so dass die fremden Besucher die Insel nicht ohne Pass betreten durften —
1826 entdeckte der deutsche Maler und Dichter Kopisch die
Blaue Grotte, deren Ruhm bald zur Ursache des steigenden
Fremdenverkehrs und damit neuen wirthschaftlichen Auf-
schwunges der Insel ward, der seitdem ununterbrochen, wenn
auch langsam und ohne in die breiten unteren Schichten
einzudringen, zugenommen hat.

Capri und Anacapri bilden gegenwärtig zwei selbständige Gemeinden des Bezirkes Castellamare di Stabia in der
Provinz Neapel. Jenes zählte nach der allgemeinen Volks-
zählung von 1881 2827 Einwohner, von denen 2283 im
Hauptorte wohnten; Anacapri zählte 2021 Einwohner. Die
Bevölkerung hat sich also seit 1834, in welchem Jahre sie
Mangoni auf 3500 Köpfe, wovon 1980 in Capri, angab, um
nicht weniger als 1348 Köpfe vermehrt, woraus ohne weiteres
auf eine Zunahme der Productivität und des Wohlstandes
geschlossen werden kann. Freilich ist wirklicher Wohlstand
auch heute auf wenige Familien beschränkt. Die allermeisten
essen ihr Brot im Schweisse ihres Angesichts, und wenn
nicht mehr, wie vor fünfzig Jahren, aus Mangel an Arbeits-
gelegenheit die Mehrzahl in äusserster Dürftigkeit lebt, so
ist die Entlohnung, auch für die härtesten Arbeiten, eine so
kärgliche, dass nur unglaubliche Genügsamkeit sie annehm-
bar machen kann.

# Die Bevölkerung.

Die durch eine tausendjährige Trennung hervorgerufene Entfremdung und Abneigung zwischen den Angehörigen der beiden Inselgemeinden hat sich in der Neuzeit wesentlich abgeschwächt, ist aber bis auf den heutigen Tag ebensowenig ganz verschwunden, wie der Unterschied im Wesen und Charakter, der allen Kennern Capris aufgefallen ist. Durchweg werden die Leute von Anacapri günstiger beurtheilt als die weltkundigeren, gewandteren Capresen. Hadrawa lobt die ersteren als zuvorkommend, verträglich, offenherzig und hilfreich; sie liessen ihre Häuser stets offen stehen, weil Diebstahl unbekannt war; der Ort war reinlich; viele Bewohner erreichten ein sehr hohes Alter.

Mangoni findet, dass die Leute der oberen Ortschaft mit den guten Eigenschaften der Capresen: der Aufgewecktheit, Arbeitsamkeit, Genügsamkeit noch mildere Sitten und angenehmeres, natürlicheres Benehmen verbinden. Er nennt sie »sehr gastfreundlich, hilfreich und friedfertig und im Vergleich mit den Capresen nüchterner, mässiger, arbeitsamer und häuslicher«, während er den letztgenannten nachsagt, dass sie »durch den fortwährenden Verkehr mit Fremden recht gründlich die Geriebenheit und Schlauheit der Seeleute und Händler gelernt haben. Hadrawa, der bei seinen Ausgrabungen oft in die Lage kommen mochte, unter übertriebenen Ansprüchen der Grundeigenthümer und Arbeiter zu leiden, wendet sich noch entschiedener gegen die Lobredner der Capresen.

Auch heute ist dieser Unterschied keineswegs ganz verschwunden, wie denn auch in den meisten übrigen Punkten die Zustände sich wenig verändert haben. Der grösste Theil der Inselbevölkerung ist mit Geschick und grossem Fleiss, aber in Unkenntniss oder Verschmähung jeder landwirthschaftlichen Neuerung, mit dem Bodenanbau

Häusliche Arbeiten auf der Strasse.

und der Verwerthung der Erzeugnisse desselben beschäftigt, welche auf den Neapeler Markt gebracht werden, wie der Ertrag des Fischfanges, dem ein anderer Theil der männlichen Bevölkerung obliegt. Eine starke Betheiligung der Frauen und Mädchen an der Bewirthschaftung des Landes, der Fruchternte, der Weinbereitung, der Viehzucht ist schon deshalb unerlässlich, weil etwa 100 der kräftigsten jungen Männer von Capri und 200 von Anacapri während der Hälfte des Jahres, vom März bis zum September, der Korallenfischerei in den sardinischen, sicilischen und tunisischen Gewässern obliegen, und zwar meist auf Barken, welche in Torre del Greco ausgerüstet werden.

Da der Grundbesitz der Insel zum grössten Theile in den Händen auswärtiger Eigenthümer ist, so lebt, ihrer mühsamen Arbeit und der Fruchtbarkeit des Bodens ungeachtet, nur ein geringer Theil der Bevölkerung im Wohlstande. Viele erwerben in harter Taglöhner-Thätigkeit kaum den nothdürftigsten Lebensunterhalt. Für einen Hungerlohn sitzen Frauen und Mädchen von früh bis spät am Webstuhle, um Zeuge und Bänder für die Neapeler Händler zu verfertigen — die einzige Hausindustrie und locale Gewerbsthätigkeit überhaupt, welche die Insel aufzuweisen hat.

Im Ausfuhrhandel nehmen selbstverständlich die Bodenproducte, namentlich Wein, Oel, demnächst Früchte und Gemüse, die ersten Stellen ein. An Wein brachte die Insel zu Hadrawas und Mangonis Zeit etwa 2000 Fass, an vortrefflichem Oel 8000 staja hervor. Im Jahre 1848 richtete eine Rebenkrankheit solche Verwüstungen an, dass in den nächsten Jahren so gut wie gar keine Weinernte stattfand und alle Weinberge neu bepflanzt werden mussten. Das seitdem angewendete Bespritzen des Rebenlaubes und der Trauben mit Schwefel ist bei der gedankenlosen Art der Weinbereitung von Nachtheil für die Beschaffenheit des Productes geworden, dessen Menge jetzt nur noch in den besten Jahren 800 Fass beträgt. Die Hunderttausende von Flaschen sogenannten Capriweins, welche in Italien und im Auslande vertrieben werden, enthalten ein Kunstproduct, welches überwiegend in Neapel mit Hilfe der dortigen Trauben sowie in Capri und

Anacapri aus eingeführten geringwerthigen Weinen hergestellt wird.

Gregorovius hat in Capri eine ausserordentliche Armuth
zu finden geglaubt. Wyl, der geistreiche und humoristische
Spaziergänger, will dieselbe nicht bemerkt haben. Es giebt in
Capri kein Elend. Man begegnet keinem Bettler. Wohl
aber ist das Mass dessen, womit ein Theil der Bevölkerung
sich begnügt, ein unglaublich geringes. Die Mädchen von
Anacapri, die besungen worden sind und das Entzücken der
Maler ausmachen, vertreten vielleicht den ärmsten Theil der
Bewohnerschaft. Da die männliche Land- und Schiffer-
bevölkerung theils vom Gartenbau, theils durch die See
in Anspruch genommen ist, so fallen die niedrigsten
und schwersten Arbeiten, vor allem neben dem Ziegen-
hüten und der Eseltreiberei das Lasttragen, den Weibern
und Mädchen zu. Die Gewohnheit hat dazu geführt, dass
die Männer es unter ihrer Würde erachten, als Lastträger
zu dienen. Bei meiner Ankunft beauftragte ich den Aller-
weltscommissionär von Capri, Giuseppe Morgano, mit dem
Transport meines in Neapel zurückgebliebenen Gepäcks, das
im Hinblick auf einen längeren Aufenthalt, umfangreich war.
Ich schärfte ihm ein, einen kräftigen facchino zum Herauf-
schleppen eines Koffers auszuwählen, den ich mit Büchern,
Wäsche und Kleidung vollgestopft hatte. Wer ihn an einem
glühenden Juli-Mittag auf dem Kopfe vor meine Thür brachte,
war eine untersetzte, üppige Dirne von einem Gesichtsschnitt,
einem Teint und Haarwuchs, die einer duchessa Ehre gemacht hätten. Zwar stiess sie ein »Mamma mia, ist das
schwer!« hervor, als sie ihn absetzte und das fest zusammen-
gepresste, aus einem gedrehten Tuch bestehende ringförmige
Polster vom Kopfe nahm. Aber auf meine vorwurfsvolle
Bemerkung, dass sie durch solche Last sich einen Leibes-
schaden zuziehen könne, hatte sie nur ein lachendes »Ach
was!« zur Antwort. Und der Koffer wog an 90 Kilogramm.

Da es an Industrie, wie gesagt, gänzlich fehlt, so
müssen, ausgenommen die Bodenerzeugnisse, alle Bedürfnisse eingeführt werden. Selbst diejenigen Garten- und Feld-
früchte, welchen die geringe Regenmenge in Capri nicht
genügt: viele Gemüse, Kohl, Salat, Kartoffeln, Gurken,

Arbeitende Jugend auf Capri.

Mellonen, Zwiebeln u. s. w,, kommen aus Neapel, Castellamare und Sorrento. Alles dies nebst Fleisch, Fischen, Gegenständen der Hauseinrichtung, Hôtel-Bedürfnissen, Colonialwaaren u. s. w., wird auf den Köpfen der Weiber und Mädchen den steilen Weg vom Strande nach den Ortschaften hinaufgeschafft. Allmittäglich, Sommer und Winter, im Sonnenbrand, im Regenguss und Sturm, trägt eine alte Frau den Postsack, der im Boote von Sorrent ankommt, nach der Stadt hinauf. Ihre Bezahlung beträgt einen Soldo den Tag! Zum Häuserbau wird meistens Tuffstein aus Neapel und Sorrento verwendet. Er kommt, wie die Ziegel, die glasirten Fussbodenplatten, die Marmor- und Lavaschwellen u. s. w., in Barken herüber, und alles nimmt auf den weiblichen Köpfen seinen Weg nach der Höhe. Für jede Last von drei grossen Steinen werden drei Soldi gezahlt. Die rüstigste Trägerin kann bei dieser anstrengenden Arbeit, welche eiserne Lungen und Muskeln erfordert, nicht viel mehr als einen Franc den Tag verdienen.

Die Mädchen von Anacapri habe ich vornehmlich mit dem Tragen von Kalksteinen in Körben beschäftigt gesehen. Da der Weg von der Marina bis Anacapri bedeutend länger und beschwerlicher ist — der Ort liegt 268 Meter über dem Meer — so wird ein höherer Lohn gezahlt. Jüngere Mädchen erhalten 4 bis 5, erwachsene 7, Männer 9 Soldi für jeden Gang. Es ist aber kaum möglich, mit einer Last diesen Weg mehr als vier- bis fünfmal am Tage zurückzulegen. Der Spaziergänger kann es als eine Leistung ansehen, wenn er unbeschwert die 721 Stufen bis zur Landstrasse einmal, ohne auszuruhen, auf- und abwärts zurückgelegt hat.

Ich habe oben bemerkt, dass es keinen Bettler auf Capri gibt. Dem widerspricht es nicht, dass der Fremde, und nur er, sehr häufig um eine Gabe angesprochen wird; denn diese Bitten gehen fast nur von der unmündigen, durch die Fremden selber künstlich verwöhnten Jugend und von den so hart und unverdrossen arbeitenden Mädchen aus. Entweder mechanisch und gewohnheitsmässig, ohne sich nur aufzuhalten, oder mit naiver Zudringlichkeit fordern sie den »bajocco«, in keinem Falle überrascht oder ungehalten, wenn er verweigert wird. Das »Signore, datemi un bajocc'«

ist zu einer Art Begrüssungsformel geworden. Sie ist mir in wenigen Minuten zwanzig- und dreissigmal in die Ohren getönt, wenn ich einen Beobachterposten auf der Scalinata eingenommen hatte. Wollte ich überraschte Gesichter sehen, so erklärte ich, keinen Centesimo in der Tasche zu haben. Dies wurde stets die Einleitung zu einer lebhaften und zwanglosen, aber nie lange währenden Unterhaltung. Denn bald hiess es: »Sù, avanti! Wir verschwatzen hier die Zeit, und der Signore gibt uns heute doch nichts.« Ich bestätigte das mit bedeutungsvollem Achselzucken und einem lachend aufgenommenen »Pass' a vacc',« half darauf den drei Schönsten beim Wiederaufnehmen der abgesetzten Steinlast, was die übrigen neidlos ansahen, und wir schieden mit freundlichem gegenseitigem »Addio, statevi bene.«

Das Inselvölkchen ist nichts weniger als zurückhaltend oder schweigsam, steht auf jede Frage freundlich Antwort und ergreift die Initiative der Unterhaltung, wenn seine Aufmerksamkeit oder Neugier durch die Erscheinung und das Gebahren des Fremden erregt wird. Wer mit Karten und Plänen pfadlos die Gegend durchstreift, auf die Bodenbeschaffenheit, die Wege und Bauten seine Aufmerksamkeit richtet, Notizen macht und gar vielleicht eine Messung vornimmt, wird unfehlbar für einen Ingenieur gehalten und von Allen angesprochen, welche von der gehofften Anlage einer Strasse und Enteignung des nöthigen Grundes Vortheil erwarten.

Ich kam von der Jupitersvilla zurück, wo ich die von einem Vetter des vortrefflichen Pfarrers, »Don« Carlo Canale, unternommenen Ausgrabungen in einer Kalkhöhle besichtigt hatte, und war bei den sogenannten »Camerelle«, um den antiken Unterbau des Saumweges in Augenschein zu nehmen, in einen terrassenförmig abfallenden Weingarten hinabgestiegen, in welchem blondköpfige Kinder vor dem flachgedeckten rebenbeschatteten Bauernhause um leere Weinfässer spielten, als mit freundlichem Grusse der colono, ein noch jugendlicher blondbärtiger Mann, zu mir trat und mir eröffnete, dass schon vor einigen Jahren andere »architetti« Prüfungen und Messungen angestellt hätten, weil die Absicht bestanden habe, eine Fahrstrasse nach der Punta Tragara anzulegen;

doch sei nichts daraus geworden. Wir kamen in ein Gespräch
über die antiken Baureste und verwunderten uns wechsel-
weise über die mit denselben gemachte ausgedehnte Be-
kanntschaft. Bezüglich der neuen Nachgrabungen, welche von
Grundeigenthümern und Fremden hie und da in der Hoffnung
auf werthvolle Entdeckungen vorgenommen werden, äusserte
sich der colono sehr skeptisch. Nach seiner Meinung setzt
man dabei sehr leicht nicht blos Geld, sondern auch Ruhe
und Zufriedenheit aufs Spiel und verliert den Geschmack an
der regelmässigen, ernsten Erwerbsthätigkeit. »Aber so ist
es, wenn die Leute wohlhabend werden; sie kaufen sich
dann Sorgen für ihr Geld. Vedete, Signore, noi siamo poveri,
ma viviamo felici. Wir haben keine anderen Gedanken als
die an die Arbeit und wie wir ruhig unser Stück Brod
essen und am Sonntag uns ausruhen können.« Das philo-
sophische Gespräch wurde weiter geführt, während ich auf
der Wurzel eines alten Mandelbaumes sass und der bäuerische
Weltweise, dessen Linnenhemd und Blondhaar sich von dem
blauen Mittagshimmel wirkungsvoll abhoben, auf dem flachen
Dache seines einstöckigen Hauses stand. Ausser ihm hatten
sich die zahlreichen Sprösslinge und sein Weib eingefunden,
das mit einem Säugling im Arm im Schatten eines das
Haus überragenden weitästigen Feigenbaumes sass. Es war
ein patriachalisches Bild. Es wollte mir dünken, als sei ohne
Entsagung jene ländliche Weltweisheit zu erwerben, wenn
ein Himmel wie dieser über einem Garten strahlt, in welchem
man zu jeder Jahreszeit die Hand nach reifen Früchten aus-
strecken darf und von dem das Auge zu immer besonnten
schön geformten Höhen und in heitere Meeresfernen schweift.

Die Bevölkerung Capri's ist im allgemeinen arbeitsam,
genügsam, gutmüthig und heiteren Charakters. Sie hängt an
ihrer Scholle, und die Auswanderer kehren fast alle wieder.
Es wird früh geheiratet, und die meisten Ehen sind äusserst
kinderreich. Acht, zehn, auch zwölf Sprösslinge in einer
Familie sind keine Seltenheit. So kommt es, dass fast die
gesammte Einwohnerschaft unter einander verwandt oder
verschwägert ist. Unser Gespräch kam auf die diesjährige
Weinernte. Ich erwähnte, dass ich in einer Masserie in Contrada Ajano ausser alten Münzen auch alten guten Rothwein

4*

gefunden habe, von dem mir allwöchentlich ein Quantum durch eins der sieben Kinder der 35jährigen massaja zugestellt werde. »Richtig, richtig,« sagte das Weib lachend; »35 Jahre und sieben Kinder — sie ist meine Schwester, und ihr Wein ist wirklich etwas besonders Gutes.« — Am Abend zuvor hatte mir eine alte Frau auf dem Wege nach der Jupiters-Villa aus einem grossen Korbe, den sie leicht auf dem Kopfe trug, frische Opuntienfrüchte, sogenannte indische Feigen, angeboten und sich gleichfalls davon unterrichtet gezeigt, dass mir der Rothe von Ajano, aus der Masserie ihrer Tochter, behage; denn, wie schon gesagt: es gibt hier keine anderen als öffentliche Geheimnisse. Zwölf Kinder hatte die Alte gehabt, von denen acht am Leben waren. Viermal hatten sie und ihr Mann die Hochzeit für eine Tochter ausrichten müssen, immer mit den Ersparnissen von ihrer Hände Arbeit. Zwei Söhne waren noch im Hause. Während wir plauderten, hatte in der Nähe Jemand angehoben zu singen. Ein Freudeschimmer war in den Augen der Frau aufgeleuchtet. »Hören Sie,« hatte sie mit glückseligem Lächeln gesagt, »es ist mein Jüngster, der in Gesellschaft von Kameraden fröhlich ist.« — »Er sitzt wohl an einem Fass, das geleert werden muss, damit der neue Wein Platz finde?« — »O, nein; der singt immer, mag er Wein oder Wasser vor sich haben.«

Jetzt erfuhr ich, dass auch der Vater der zwölf Geschwister mir schon bekannt war. Er war kein anderer als der alte Graukopf, der für einen Tagelohn von zwei Lire und einer Flasche Wein im Dienste Don Carluccio's mit Hacke und Schaufel sich um die Erforschung des unterirdischen Capri verdient machte und mit Lebensgefahr die unzugängliche Höhle mit den »weissen, blauen, gelben Herrlichkeiten« inspicirt hatte. »Jetzt ist er 72 Jahre alt,« erzählte der Schwiegersohn, »und verzichtet auf die gefährlichsten Wanderungen; aber früher war ihm kein Abgrund zu tief, keine Wand zu abschüssig; allgemein nennt man ihn ,Falcone', weil er hinsteigt, wo nur die Falken noch hinkommen, und weil kein Raubvogelnest vor ihm sicher ist.« — Als ich den alten Kletterer wieder traf, bestätigte er mir alles. Die Unternehmungslust und Waghalsigkeit

schien ein Erbe in seiner Familie zu sein und war durch
unglückliche Katastrophen nicht im mindesten zurückgedrängt
worden. Als ältestes von acht Geschwistern hatte er schon
im Jünglingsalter den Vater verloren, der beim Grasmähen
von einer Felswand herabgestürzt war. Ein halbes Jahr danach war sein Grossvater, der bei starkem Winde Obst las,
durch einen Windstoss aus den Zweigen des Baumes und
in den nahen Abgrund geschleudert worden. Beides war an
der steilen Küste in der Nähe des »Salto di Tiberio,« wo
wir uns unterhielten, geschehen, und der Erzähler konnte
die Schauplätze mit der Hand bezeichnen. An ihn hatte man
sich stets gewendet, wenn Jemand über die Felsen gestürzt
war und es sich darum handelte, einen zerschmetterten
Körper mit eigener Lebensgefahr dem Abgrunde zu ent-
reissen. Er hatte dieses Geschäft mehr als einmal besorgt,
und die Leistungen waren gebührend belohnt worden. »Einmal jedoch,« sagte er, »war die Mühe umsonst, und der
Lohn, der versprochen war, blieb in den Händen der Herren
vom Municipio hängen. Es ging freilich nicht mit rechten
Dingen zu. Oben beim ,Faro di Timberio' war ein Fremder
gesehen worden, der sich über den Abhang gegen das Meer
hinunterstürzte. Ich arbeitete gerade dort — denn wir haben
unsere Grundstücke immer in dieser Gegend gehabt — und
ich hatte beobachtet, dass der Fremde fortwährend Papier
verschlang. Dann hat er einen Sprung gemacht und fort
war er. Alle kamen gelaufen: Donna Bettina und der Eremit und Giovann' Antonio und wollten, dass ich nach ihm
sähe. Aber es war schon um Ave Maria. Wir liefen also
nach der Stadt und benachrichtigten das Gericht, und der
Richter sagte auch: ,Es ist Nacht, was kann man jetzt thun?
Warten wir bis morgen früh.' Am anderen Morgen stieg ich
an der ganzen Wand herum, fand aber nichts. Ich verfer-
tigte grosse Reisigbündel, jedes mit einem Stein beschwert,
und warf sie von dem Punkte hinunter, wo der Stock des
Fremden hart am Rande lag — ein schöner Stock mit
einem silbernen Knopf. Der Sindaco und der Richter fuhren
unten mit dem Boot herum und suchten überall, wo die
Bündel niederfielen. Es fand sich nichts; auch nicht eine
Spur. — Aber ich weiss wohl«, setzte der Alte, mit den

kleinen grauen Augen zwinkernd, hinzu, »wo der geblieben
ist. Der hat sich auf die schwarze Kunst verstanden (ha sa-
puto fare l'opera) und ist durch die Luft nach dem Festlande hinüber gefahren, nach Salerno oder sonst wohin.«

Capitel V.

# Das antike Capreae und seine Ruinen.

Der etwa eine Viertelstunde lange Weg, welcher von
der alten Hauptkirche Capri's, S. Costanzo, in Absätzen
mittelst 227 Stufen bis zum Fusse der Steilwand führt, an
welcher die antike Treppe nach Anacapri hinaufsteigt, stammt
gleichfalls aus antiker Zeit. Es bedarf demnach kaum eines
weiteren Beweises dafür, dass die antike Stadt Capri, zu
deren Verbindung mit Anacapri er diente, in der Nähe der
Marina und nicht etwa auf der Höhe, wo wir die heutige
Stadt finden, gelegen habe. Alle Mauerreste an der Nordwest-
grenze der heutigen Stadt, selbst die vorrömischen Kalkstein-
quadern nordwärts vom Stadtthor und die Begräbnissstätte
in der Contrada Parate mit den aretinischen Vasen beweisen
nichts gegen die angegebene Lage der griechischen Stadt.
Denn natürlich wird dieselbe auf der Höhe eine Art Akropolis gehabt haben. Die Untermauerungen aber und die
Gräber stammen aus römischer Zeit, und die ersteren würden
gerade an jener Stelle nicht nöthig gewesen sein, wenn eine
griechische Stadtmauer existirt hätte.

Einen weiteren unwiderleglichen Beweis bietet die Kirche
S. Costanzo, die, nur ein paar hundert Schritte von der
Marina entfernt, genau an dem Punkte liegt, wo sich die
Wege nach der heutigen Stadt und nach Anacapri trennen.
Eine inländische Tradition behauptet, dass sie die erste
christliche Kirche in Italien sei. Jedenfalls stammt sie, wie

ihre Bauart beweist, aus sehr früher Zeit, und sie konnte
nur da erbaut werden, wo zu jener Zeit die Stadt lag. Schon
unter Flavius Justinianus sollen die Benedictiner von Monte-
cassino hier einen Besitz erhalten haben, und bereits 987
wurde das Bisthum eingerichtet. Das Christenthum ist also
sehr frühzeitig, gewiss während der byzantinischen Herrschaft eingedrungen. Wandmalereien byzantinischen Styls
sind vor einigen Jahren bei Ausbesserungsarbeiten am Fussboden zum Vorschein gekommen, aber nicht mehr zu sehen.

Es kann keine Rede davon sein, dass die Kirche aus
einem römischen Tempel oder gar einer Moschee hervor-
gegangen sei. Der Bau ist so evident altchristlich wie nur
möglich. Zwei hohe und schmale Tonnengewölbe, jedes auf
acht Stützen — Pfeilern und Säulen bunt durcheinander —
ruhend, durchschneiden sich in der Mitte und bilden mit Hilfe
von vier aus den Längswänden östlich und westlich vor-
tretenden Wandpfeilern in jeder Richtung drei Schiffe, von
denen je das mittlere fünf Schritte, die beiden anderen vier
Schritte breit sind. Ueber der Kreuzung der Mittelschiffe
erhebt sich die Kuppel. Der Eingang liegt auf der dem
Meere zugewendeten Nordseite, und zwar tritt man zunächst
in ein dem beschriebenen Kreuzbau in seiner ganzen Breite
vorliegendes Querschiff, welches durch Bogen in drei mit
niedrigen Kreuzgewölben versehene quadratische Theile zerfällt.
Hiedurch erhält der ganze Innenraum eine Länge von acht-
zehn Schritten, während seine Breite sechzehn Schritte beträgt. Später ist er im Süden um das Doppelte verlängert
worden. Um eine Stufe erhöht, schliesst sich das sechzehn
Schritte lange und breite, von einem Kreuzgewölbe mit
schweren Rippen überdeckte Presbyterium an Der westliche
Kreuzarm endigt mit einem aus der Längswand heraus-
tretenden Halbrund, aus dem nordwärts eine Stiege und
Thür auf einen äusseren Anbau und von da in die Sacristan-
wohnung oberhalb des vorderen Querschiffes führen, welche
zwei Fenster in der Vorderfaçade besitzt. Die letztere, oben
durch eine Horizontale, die durch einen kleinen stumpfen
Mittelgiebel unterbrochen wird, abgeschnitten und mit
schwerfälligen Aufsätzen gekrönt, hat keinerlei Gliederung
und keinen anderen Schmuck als eine spitzbogige Portal-

umrahmung in Form eines schwerfälligen Eierstabes, die durch einen ebensolchen horizontal durchschnitten wird.

Im Innern stehen, wie schon gesagt, Säulen und Pfeiler bunt durcheinander. Der letzteren sind ausser den vier Wandpfeilern in den Ecken des Kreuzraumes vier; von den ersteren sind vier höchst unschöne von verschiedener Dicke aus Mauerwerk mit Stucküberzug hergestellt. Die vier anderen sind antik, und zwar aus sogenanntem ägyptischem Marmor oder Cipollino. Sie sollen nebst vier anderen aus Giallo Antico, die bis 1751 in der Kirche standen, dann in die Kapelle des königlichen Schlosses zu Caserta versetzt wurden, in der Ajano genannten Gegend gefunden worden sein. Sie sind an Höhe und Durchmesser ganz verschieden. Zwei cannellirte haben 1·56 und 1·26 Meter, zwei nichtcannellirte 1·24 und 1·38 Meter Umfang. Leider ist alles innen und aussen weiss getüncht.

Ein schmaler Umgang isolirt die Kirche von den umliegenden Gärten, die um vier bis fünf Meter höher liegen. Zu den Futtermauern derselben ist viel altes Material benützt. Im Westen ist der Umgang von einer Wölbung überspannt, die sich an die Kirchenmauer und an die Wand einer antiken gewölbten Cisterne anlehnt, in welche ein von Südwest kommender, mit Tuffplatten giebelförmig gedeckter Canal einmündet.

Das Kirchlein ist noch in Gebrauch. Es wird allsonntäglich daselbst Messe gelesen und am Namenstage des Heiligen mit einer Procession dessen Fest gefeiert. S. Constantius ist der Schutzheilige der ganzen Insel. Seine silberne Halbfigur wird deshalb in der dem heiligen Stephan geweihten Pfarrkirche, der früheren bischöflichen Kathedrale, aufbewahrt. Sie ist mit antiken Edelsteinen geschmückt, die den Ruinen der Insel entstammen. An ihrer rechten Hand hängt eine silberne Weintraube, bezüglich deren mir der Pfarrer sagte: »Die Leute sind bei uns fest überzeugt, dass Alles vom Heiligen abhängt. Als vor Jahren eine schwere Traubenkrankheit viel Schaden anrichtete und den ganzen Rebenbestand bedrohte, vereinigten die Weinbauer sich zu einem Gelübde für S. Costanzo, und da die Krankheit wirklich aufhörte, widmeten sie ihm die silberne Traube.«

Nach der Legende ist der Leichnam des Heiligen auf wunderbare Weise in einem Fasse durch die Meereswogen von Byzanz nach dem Strande von Capri getragen worden, von wo er später durch die Mönche von Monte Cassino nach Benevent versetzt ward.

Die Gegend zu beiden Seiten der Anacapri-Strasse auf eine Entfernung von 500 bis 600 Meter von S. Costanzo, nordwärts bis ans Meer und bis an den »Palazzo al mare«, südwärts bis auf die Höhe von Veruotto reichend, sowie auch die Hügelabhänge südlich und östlich von S. Costanzo werden mit dem Gesammtnamen Torre bezeichnet. Dieses ist das Gebiet der alten Stadt Capri, deren Grenzen, da keine Spur von Stadtmauern vorhanden ist, ebenso wenig scharf gezogen werden können, wie die der genannten Contrada Torre. Eine griechische Widmungsinschrift unter einer Kaiserstatue mit den Namen und dem Titel der Gemeindevorsteher, sowie eine Polizeivorschrift sind auf diesem Gebiete zum Vorschein gekommen. Römische Münzen sind hier in Menge, auch griechische oft gefunden worden. Ich habe von den Bauern an verschiedenen Punkten dieses Gebietes, vornehmlich westlich von S. Costanzo, neben Bronzemünzen des Augustus, Tiberius, Constantius auch ein paar griechische Silbermünzen erwerben und feststellen können, dass sie, und früher viele andere ähnliche, in dem Raume zwischen S. Costanzo und dem nordwestlich davon gelegenen »Fortino«, jetzt Villa Haan, gefunden worden waren. Der Ungar Haan, der Engländer Daly und der Neapolitaner Cerio, alle drei auf der Insel wohnhaft, sind eifrige Sammler und haben eine Menge Antiquitäten aller Art — der letztere auch einige prähistorische und paläontologische Gegenstände — an sich gebracht. Bei den Gartenarbeiten und Hausbauten, beim Anlegen der Weinberge und Ausroden von Bäumen werden in der bezeichneten Gegend noch fortwährend Münzen, Scherben rother und schwarzer glänzender Töpferwaare und oxydirter Glasgefässe, Ziegelplatten, Amphoren und zahllose Reste von Zimmerfussböden und Mauern sowie bunte Marmorfragmente gefunden. Fast überall hat man Kunde, dass vor einer kürzeren oder längeren Reihe von Jahren gemalte Zimmer, Marmorfussböden, Cisternen u. dgl. aufgedeckt worden sind. Doch ist das alles wieder zugeschüttet worden, um den Boden bepflanzen und ausnützen zu können.

Ein halbwüchsiger stotternder Bursche mit einer Fistelstimme in der Contrada Fosso, die nebst Porcelle den südwestlichen Theil von Torre bildet, hatte mir berichtet, dass in dem letzteren Grundstück sein Grossvater vor Zeiten eine Menge grosser thönerner »lancelle«, d. h. Amphoren, in einem gewölbten Raume entdeckt und einige wenige, die Fabrikstempel trugen, herausgezogen habe. Um die Stelle kenntlich zu machen, hatte er einen Pfirsichbaum darauf gepflanzt. Eines Abends kam der Bursche, um mich zu benachrichtigen, dass man den Baum entfernt und richtig das Dépôt von Thongefässen entdeckt habe. Als ich am Orte erschien, hatte man ihrer zwei herausgezogen. Da sie aber zerbrochen waren, so hatte der Bauer schon die Lust zur Fortsetzung der Arbeit verloren, die in dem über mannstiefen engen Erdloche keine mühelose war. »Ich thue Schaden an den Reben«, sagte er, »und kann noch gratis das Leben verlieren, wenn die Erdwand über mich stürzt. Jetzt frage ich erst den Signor Haan, ob er die »lancelle« kaufen will. Der bezahlt mir auch den Schaden an der Pflanzung.« Ein vor kurzem an demselben Orte gefundener bronzener Ziegelstempel, jetzt in Haans Besitz, spricht dafür, dass hier eine Amphorenfabrik sich befand.

Doch ich bin hier schon in eine Localität gerathen, welche sich vornehmlich durch imposante und ausgedehnte kaiserliche Bauten auszeichnet und deshalb noch gesondert zu besprechen sein wird. Für jetzt kehren wir in die nähere Umgebung von S. Costanzo zurück.

Die Grundstücke westlich und nordwestlich von der Kirche bis zum Uferrande sind voll von alten Mauern, wohlerhaltenen Cisternen, Zimmerböden, Abzugscanälen u. s. w. Die Häuser stehen zum Theil auf antiken Fundamenten. In den Gartenmauern findet man altes Material in Menge; in den Terrassenstufen sind Thürschwellen und -Pfosten, Marmorplatten und Estrichfragmente verbaut. In dem aus einer Villa, einer kleinen Wirthschaft (»Bouteillerie Tiberiale«) und einem Agrumi-Garten bestehenden Grundstück des Filippo Federigo unweit der Hôtels »du Louvre« und »de la Grotte

Bleue« sind mehrere antike Räume zum Vorschein gekommen. Die Villa steht über den soliden Wölbungen dreier Cisternen, die neuerdings ausgeräumt und wieder in Gebrauch genommen worden sind. Dieselben stehen wie gewöhnlich durch Bogen-öffnungen mit einander in Verbindung. Sie sind 11 Meter lang; die Breite beträgt bei der mittleren 4'75, bei den beiden äusseren 3'45 Meter.

Ein interessanter Fund wurde 1810 in dem jetzt zum »Hôtel de la Grotte Bleue« gehörigen Grundstück etwa hundert Schritte nordwärts von S. Costanzo gemacht. In geringer Tiefe fand man einen Marmorsarkophag, aus einem Stück gehauen, durch einen giebelförmigen Marmordeckel verschlossen. Er barg ein Skelett, das als dasjenige einer jugendlichen Frau erkannt wurde. Es hatten sich Reste der Kleidung erhalten, die reich mit Gold und Silber gestickt gewesen war. Der Schmuck bestand aus zwei Armbändern, zwei Ohrgehängen, einem Fingerring mit einem Cameo. Ausserdem fand sich im Munde des Skeletts eine Goldmünze Vespasians, die um zehn Ducaten an einen Fremden ver-kauft ward, und, das merkwürdigste Stück, ein scepterartiger Stab von etwa 50 Cm. Länge mit drei goldenen Reifen, was auf den Gedanken brachte, dass die hier Bestattete der kaiserlichen Familie angehört habe.

Der Sarkophag, der keine Inschrift trägt, steht jetzt in geringer Entfernung vom Fundorte auf der Terrasse des Hôtels am Gartensaume, von einem Oelbaum und einem Lorbeer beschattet. Der Sculpturenschmuck ist roh und schwerfällig. In der Mitte der Vorderseite befindet sich ein Medaillonbrustbild in Basrelief, seitlich davon Guirlanden und Bänder und je ein Medusenhaupt mit Flügeln. An den Ecken sind Stierschädel, an den Schmalseiten Guirlanden und Rosetten angebracht. Die Rückseite sowie auch der hintere Deckel-flügel sind schmucklos; der vordere ist mit schuppenförmig angeordneten Blättern geziert.

Es spricht manches dafür, dass in dieser Gegend, und vielleicht an der ganzen Nordküste, in nachantiker Zeit das Ufer sich gesenkt habe. Am Westende der Marina Grande, unterhalb des schön gelegenen — und beiläufig, sehr an-ziehend gebauten — »Hôtel du Louvre« sieht man bei ruhiger

See etwa 25 Schritte vom Ufer unter Wasser die Substructionen von einem Dutzend kleiner Häuser, die anscheinend
eine schmale Strasse gebildet haben. Unförmliche Massen
von Mauerwerk aus Kalkbruchstein und Mörtel liegen in
derselben Gegend am Ufer und im Wasser. Nahe dabei
zeigt sich in dem steilen, aus Geröll und Sand bestehenden
Uferrande zwei Meter über dem schmalen Kieselstrande, der
den letzteren vom Meere trennt, die Mündung der schon
erwähnten antiken Cloake. Die auffallende Erscheinung, dass
dieselbe landeinwärts sich senkt, ist nicht anders als dadurch
zu erklären, dass eine Senkung des Bodens stattgefunden
hat. Doch würde es gewagt sein, an eine das ganze Marine-
thal betreffende Revolution oder eine irgendwie bedeutende
Senkung denken zu wollen, da eine solche die zahlreichen
Cisternen in der Gegend nicht unbeschädigt gelassen haben
würde. Die Cloake ist aus Bruchstein mit vielem Mörtel
erbaut und misst von der Sohle bis zum höchsten Punkte
der Wölbung zwei Meter. Die Breite beträgt fast ein Meter.
Man kann des angehäuften Erdreiches wegen nur 20 bis
30 Schritte weit eindringen.

Südwärts über S. Costanzo erhebt sich ein in Terrassen
gegen den Stock des Monte Solaro aufsteigender und mit
diesem zusammenhängender Hügel, der gleichfalls zur Contrada Torre gehört und nur in seinem obersten Theile gegen
die Fahrstrasse hin den Specialnamen Veruotto führt. Auch
auf ihm sind Theile der alten Stadt gelegen, wie zahlreiche
Ziegelstücke, Mosaikfragmente u. a. zeigen. Von der alten
Anacapri-Strasse, die den Hügel westlich begrenzt, tritt man
in ein auf halber Höhe liegendes Grundstück ein, in welchem
früher Zimmerwände, Mosaikfussböden, Marmorschwellen, Thür-
pfosten und ein Portal mit Marmorstufen gefunden worden
sind. An einer Stelle, wo das Erdreich durch den Regen
weggewaschen war, bemerkte ich viele Amphora-Scherben.
Die feiste, nicht mehr ganz jugendliche Tochter des Colono,
die jedoch mit anerkennenswerther Behendigkeit von einem
Feigenbaum herabglitt, um mich, nachdem sie mir freund-
lichst von den Früchten angeboten, im Grundstück umher-
zuführen, war erfreut, dass ich mich für die roba antica
interessirte, und brachte aus Terrassenwinkeln und Erdlöchern

allerlei bunte Marmorstückchen zum Vorschein. Von den wichtigsten Bauwerken des Grundstückes sagte sie nichts, so dass ich dieselben erst beim Fortgehen entdeckte, als sie mir den Weinkeller mit den mostgefüllten Fässern wies. Der Keller ist eine solide und trefflich erhaltene antike Cisterne, und vier andere derselben Art liegen daneben, gut zur Hälfte aus dem Bogen ragend und auf ihren Wölbungen das Bauernhaus tragend. Sie sind 15 Meter lang und 3½ Meter breit; die Höhe mag etwa 5 Meter betragen. Jedes der Reservoirs steht mit dem benachbarten durch fünf bogenförmige, etwa 2½ Meter hohe Oeffnungen in Verbindung.

Eine nicht bedeutende Einsenkung trennt den genannten Hügel von dem ihm ostwärts benachbarten, dessen West- und Südabhang ebenso wie die Einsenkung — gleichfalls zur Contrada Torre gerechnet — noch zur alten Stadt gehören. Die Kuppen des Hügels, von denen die südliche, höhere und breitere, mit dem Hauptbergstock zusammenhängt und den Namen Corigliano führt, die nördliche, niedrigere, aber dominirend vortretende und scharf umgrenzte, als S. Nicola bezeichnet wird, scheinen nicht mehr zur Stadt gehört zu haben.

Nach Osten fällt der Hügel von S. Nicola und Corigliano ziemlich steil zu dem Thale ab, durch welches der Haupt-Saumweg von der Marina Grande nach der heutigen Stadt hinaufzieht. In diesem Thale, der tiefsten Einsenkung zwischen dem östlichen und dem westlichen Bergstock der Insel, treten die einzigen Quellen derselben zu Tage. Weder in Anacapri noch in der heutigen Stadt und den östlich von derselben liegenden Hochthälern ist eine einzige Ader fliessenden Wassers zu finden. Nur tief unten an der Kleinen Marina ist noch eine, wie es heisst, erst im vorigen Jahrhundert entstandene, spärliche Quelle, wegen ihrer Entlegenheit für die Stadt ohne Bedeutung. Ebenso werthlos für die Bevölkerung sind die Wasseradern, die sich hie und da in der Nähe des Meeres finden und nur den Fischern zu gute kommen können, wie diejenigen an dem Felsstrande der Nordostspitze und die in einer Grotte unterhalb S. Maria del Soccorso; ganz unbenutzbar, obwohl anscheinend wasserreich, ist eine Quelle, die man bei ganz ruhiger See aus dem

Felsen westwärts von den sogenannten »Bagni di Tiberio«
unter dem Wasserspiegel hervorbrechen sieht. Der grösste
Theil der Inselbevölkerung war, wie jetzt, schon im Alterthum auf das gesammelte Regenwasser angewiesen, wie die
grosse Menge antiker Cisternen zur Genüge beweist.

Desto grösseren Werth hatten die Wasseradern im
Thale ostwärts von der alten, westwärts von der neuen
Stadt, und es ist nicht verwunderlich, dass sie schon in
alter Zeit sorglich gesammelt, gefasst und in Canälen weiter-
geleitet wurden. Die höchstgelegene, Fontana Acquaviva —
95 Meter ü. M. — befindet sich da, wo der westliche und
der mittlere der drei vom Strande nach der Stadt führenden
Saumwege zusammenlaufen. Sie ist sicherlich für die Richtung dieser Strassen bestimmend gewesen und liefert einen
Beweis für deren hohes Alter. Die Quelle, neben der ein
am Abend durch ein Laternchen erhelltes Madonnenbild
sich befindet, liegt wenige Schritte westlich von jenem Ver-
einigungspunkte neben der neuen Fahrstrasse. Von Morgens
bis Abends sieht man die Töchter der Stadt hochgeschürzt,
die antik geformten Thonkrüge auf dem Haupte, aus der
Stadt herabsteigen, um hier zu schöpfen und das immer
frische und kühle Wasser einige hundert Stufen hinauf-
zutragen. Als Reservoir dient eine in dem darüberliegenden
Grundstück befindliche mässig grosse antike Cisterne, die
durch einen vom Fusse des Castiglione aus der Contrada
Parate herkommenden Canal gespeist wird. Einige andere
Cisternen, »Le Grotte« genannt und von gemeindewegen
unter Verschluss gehalten, um als Reservebassins zu dienen,
liegen wenige Schritte tiefer am Wege und werden durch
denselben Wasserlauf gespeist. Ebenfalls unter Verschluss
ist die mehr westwärts gelegene Quelle »Marroncella«. Sie
liegt an einem Fusswege, der in halber Höhe am Westabhange des mehrgenannten Hügels von Corigliano und
S. Nicola entlang läuft und im Süden und Norden sich mit
dem Haupt-Saumwege vereinigt. Gerade da, wo sich von
ihm ein westwärts über den Hügelrücken gegen S. Costanzo
und Torre — also mitten in das Gebiet der alten Stadt
— laufender Weg abzweigt, liegen drei antike Cisternen
neben einander, von denen die dem Dreiwege zunächst be-

findliche die enorme Länge von 59 Meter, das heisst
200 römischen Fuss, bei 10 Meter Breite und 5 Meter Höhe
besitzt. Sie trägt die Spuren höchsten Alters und äusserster
Solidität an der Stirn. Das Gewölbe hat eine erstaunliche
Stärke, die Mauern sind zwei Meter dick. An dem auf der
nördlichen Schmalseite befindlichen Eingange sieht man, dass
sie aus ziegel- und netzförmigem Tuff bestehen, welcher, der
Natur dieses Steines entsprechend, unter der Einwirkung
der Luft und des Wassers eine grosse Härte angenommen
hat. Innen sind die Mauern mit einem dicken Ueberzug von
Kalkdepositen bedeckt. Drei viereckige Löcher im Gewölbe
dürften nur als Lichtöffnungen gedient haben, denn zum
Zwecke des Wasserschöpfens war auf der Innenseite des
Eingangs, der sich etwa $2^1/_2$ Meter über dem Boden der
Cisterne befindet, ein ebenso hohes gemauertes Podium an-
gebracht, von dem rechts und links eine halbwegs nach der
Mitte umbiegende Treppe hinabführt.

Es ging die Sage, dass diese gewaltige Cisterne nie-
mals wasserleer gewesen sei, und dass man demgemäss nicht
erfahren könne, wo das Wasser seinen Ursprung nehme.
Im Sommer 1880 oder 1881 trat in Folge langer Dürre
ein Versiegen fast aller Quellen ein, und auch die Cisterne
wurde leer, so dass der Bauer, dessen Weib mit lebhaftem
Interesse von den Wundern ihrer Grotte erzählt, mit
einigen Fremden sie durchwandern konnte. Es zeigte sich,
dass das Wasser aus der nebenliegenden weit kleineren
Cisterne durch Communicationsöffnungen einfloss und die
letztere eine Quelle enthielt. Es bestätigte sich auch die
schon bekannte Angabe, dass in dem hinteren Theile des
Réservoirs eine grosse Menge feiner bläulich-weisser Kreide
abgelagert war, über deren Herkunft und eventuelle Bestimmung man nie ins Klare gekommen ist.

Der dicht nebeneinander liegenden, in der Construction
ganz übereinstimmenden Cisternen sind im ganzen drei,
nicht vier, wie der sonst exacte Mangoni irrthümlich angibt
und wie ihm nachgeschrieben wird. Nur die westlichste hat
die angegebenen bedeutenden Dimensionen; die beiden
anderen sind viel kleiner; der Eingang der östlichsten ist
jetzt zugemauert. In einer der Cisternen ist einmal der Kopf

einer Porphyrstatue eines ägyptischen Gottes oder Priesters gefunden worden.

Sicherlich haben wir in diesen Cisternen die öffentlichen Wasserréservoirs der alten Stadt vor uns. Sie lagen zwar ausserhalb derselben, aber doch näher als jede andere Quelle, und gewiss nicht ohne Grund treffen sich bei ihnen drei Wege. Auf die Existenz von vornehmen römischen Behausungen in der Nähe derselben weisen zahlreiche in dieser Gegend gemachte Funde von Zimmerwänden, Fussböden, kunstvollen Mosaiken, kostbaren Marmorsorten, Säulenfragmenten u. s. w. hin. Hervorzuheben ist eine ohne Kopf gefundene, schön gearbeitete Statue eines Imperators, die, durch Sposino restaurirt und mit einem antiken Tiberiuskopfe versehen, in das vaticanische Museum (Abtheilung Chiaramonti) gekommen ist.

Die einzige Quelle der Marina Grande befindet sich bei Truglio. Das Wasser ist in drei kleinen antiken Cisternen gesammelt. Eine selbständige Wasserader kommt aus einer Felsgrotte weiter oben im Podere Truglio; sie soll gleich derjenigen an der Piccola Marina auch während der Dürre, die alle anderen Quellen versiegen machte, beständig Wasser gegeben haben.

Ausser an den schon genannten Punkten finden wir im Thale der Marina Grande noch zahlreiche Ruinen in den weiter östlich gelegenen Grundstücken bis an den Fuss des Monte S. Michele. In der Gegend Campo di Pisco (verderbt aus Campus Episcopi), einem ausgedehnten Grundstück zwischen dem östlichen und dem mittleren Saumweg, das im Beginne des vorigen Jahrhunderts dem capresischen Bischof Michele Gallo, Grafen Vandeneynde, gehörte, sieht man eine 170 Schritte lange und sechs bis acht Meter hohe Substructionsmauer aus Bruchstein, die im westlichen Theile unvollkommene Reticulatform zeigt, und in ihrer Mitte eine sehr hohe Cisterne, früher durch einen von der Fontana Acquaviva abgeleiteten Canal gespeist. — In dem tiefer gelegenen Podere Villanova sind geringe, aber solide Mauerreste zu sehen; ebenso in den westlich davon befindlichen Grundstücken Truglio und Marina. Ueberall hat man bei den Anpflanzungsarbeiten Zimmer aufgedeckt.

Ganz am Ostende der Marina hat auf dem etwa
25 Meter hohen Küstenrande noch ein imposantes Gebäude
gelegen, das bei der Anlage eines wohl der Zeit der Anjour
angehörenden Franciskanerklosters und des auf seinen
Ruinen 1809 erbauten Forts zum Theil zerstört worden ist.
Mauerreste aus Bruchstein von erstaunlicher Dicke mit Resten
von Ziegelfussböden dienen den östlichen Häusern der
Marina als Unterbau oder liegen, durch eine Bodensenkung
oder Unterwaschung herabgestürzt, vor diesen Häusern am
Abhang und am Ufer zwischen den Felsblöcken. —

Die berühmte Treppe von Anacapri, an steiler Felswand bis zur Höhe von mehr als 1000 Fuss aufsteigend
und zum Theil in den Felsen gehauen, ist das ehrwürdigste
Monument der Insel und eins der ältesten Denkmale baulicher
Kunstfertigkeit im westlichen Europa. Leider ist sie beim
Bau der Fahrstrasse von Capri nach Anacapri in ihrem
mittleren Theile zerstört worden — nicht durch Fahrlässig-
keit oder absichtlich, sondern weil es nicht zu vermeiden
war, dass bei den Sprengungen Felsstücke aus grosser Höhe
auf die Treppe stürzten und ihr Mauerwerk zerschlugen.
Wohl aber hätte man sie nachträglich wiederherstellen und
für ihre Erhaltung etwas thun können — wenn eben nicht
die armen Gemeinden und die Provinz sich füglich damit
entschuldigen dürften, dass andere dringendere Bedürfnisse
zu befriedigen sind.

Bei früheren kürzeren Besuchen der Insel hatte ich
mich bei dem Bescheide beruhigt, die Scalinata sei nicht
mehr gang'bar. Heuer fühlte ich mich als Specialforscher,
als Pionnier, der für die Wissenschaft und seine Leser auch
das Leben in die Schanze schlagen muss, und ich wanderte
eines Morgens mit kühnen Entschlüssen und dicken Nagel-
schuhen dem Fusse der Bergwand zu. Ein fistelstimmiger
junger Bursche, der einen alten Oelbaum umsägte und mich
stotternd um eine Handvoll Tabak anging, verneinte anfangs
die Möglichkeit, die alte Treppe zu passiren. Auf weiteres
Befragen gab er zu, dass die Eingebornen sie doch noch
hin und wieder benützten, und am Ende gestand er: »Ich
gehe ziemlich oft hinauf, ma sempre con una piccola paura
(aber immer mit ein bischen Angst).«

Für Lastenträger ist der Weg jetzt allerdings nicht zu empfehlen. Aber wer unbehindert und furchtlos ist, darf sich getrost hinaufwagen. Man überschreitet, nachdem man an das Ende des bei dem alten Kirchlein S. Costanzo beginnenden, sanft ansteigenden, 227 Stufen zählenden Zugangsweges gelangt ist, eine schmale Schutthalde und befindet sich am Fusse eines massigen Pfeilers der etwa 250 Meter fast senkrecht aufsteigenden Felswand, an der in halber Höhe die neue Fahrstrasse, einer der schönsten Wege der Welt, entlang zieht. Auf den Vorsprüngen und Zacken der Bergwand steigt man aufwärts, nur selten genöthigt, sich der Hände zu bedienen. Die Richtung und die Spuren der Treppe sind deutlich sichtbar. Ihr Mauerwerk ist fast ganz zerstört. Hie und da klebt noch ein Stück der niedrigen Brüstungsmauer, die sie von der Tiefe schied, über dem Abhang. Vielfach sind durch das Verschwinden der Stufen die zu ihrer Aufnahme hergestellten Aushöhlungen des Kalkfelsens blossgelegt, die ohne Zweifel der griechische Meissel geschaffen hat. Die Gestalt, in welcher die Treppe bis in die neueste Zeit gedient hat, wird sie im wesentlichen — natürlich unter häufiger Ausbesserung in allen Zeiten — durch die Römer erhalten haben, da die bei Anacapri befindlichen Palastbauten der Kaiserzeit eine sichere und relativ bequeme Verbindung zwischen dem unteren und dem oberen Inseltheil zur Voraussetzung hatten. Indessen geht ihre Anlage sicherlich in die früheste Zeit der griechischen Ansiedelung zurück, da sie durchaus die einzige Verbindung zwischen den zwei Ortschaften bildet, so dass sie bereits ein ehrwürdiges Alter aufwies, als Augustus und Tiberius hieher kamen.

Am besten erhalten und noch vollkommen gangbar ist der Theil oberhalb der neuen Fahrstrasse, der 159 Stufen zählt. Dieselben sind ganz oder theilweise aus dem Felsen gehauen und haben eine Länge von 1½ bis 2 Meter. Die Felswand ist künstlich geglättet und weist an vielen Stellen die Meisselstriche auf. Die Treppe mündet oben durch ein mittelalterliches Thor auf einen durch eine Brüstung gesicherten ebenen Gang dicht am Felsabhang. Daneben sind Sitzstufen angebracht, und man geniesst von hier eine Aussicht, die ich nur mit derjenigen vom Theater in Taormina oder den Epipolae in Syrakus zu vergleichen weiss. Links die ausgedehnte sanftgeneigte von weissen Häuschen übersäte Ebene von Anacapri mit einem Walde von Oelbäumen, zwischen deren zartem Gezweig das tiefe Blau des Meeres heraufschimmert und über deren Wipfel die röthlichen Wände von Ischia mit der kühnen Spitze des Epomeo herüberwinken. Rechts tief unter uns die dunkelgrüne Thalmulde, die sich vom weissbesäumten bunten Strande nach der hochthronenden Stadt hinaufzieht, die schroffen Abhänge und die Kuppen der östlichen Inselhälfte, die aber nicht unsere Höhe erreichen, so dass wir über sie hinaus die Küste des salernitanischen Golfs erspähen.

Gerade unter uns, 300 Meter tief, die schillernden Wogen und vor uns ausgebreitet im weiten Kreise die Ufer des Golfes sammt dem rauchgekrönten Vesuv und der welligen Kette der Apenninen dahinter, alles überstrahlt von einer die entzückendsten Farben hervorlockenden und verschmelzenden Sonne, die nun seit zwei Monaten von einem fast immer wolkenlosen Himmel glänzt.

Die Gesammtzahl der Stufen wird von Mangoni auf 533, von Hadrawa auf 552 angegeben. Die Zahl hat sich in Folge der verschiedenen Restaurationen sicherlich verändert und war ursprünglich ohne Zweifel grösser, da die zahlreichen schiefen Absätze, zum Ausruhen geeignet, erst später entstanden sind. Unmittelbar unterhalb der Fahrstrasse steht auf einem kleinen vorspringenden Plateau eine Capelle des heiligen Antonius sowie ein Rest eines Gebäudes, das in vergangenen Jahrhunderten als Ruhe- und Aussichtspunkt gedient haben mag. Am Fuss der Treppe, der jetzt durch den herabgestürzten Schutt gänzlich verdeckt ist, hat noch Mangoni (in den dreissiger Jahren) ausgedehnte Mauerreste und Pfeilerbasen eines antiken Bauwerkes gesehen, das er für eine grosse Halle, eine Art von Schutz-Vestibül oder Propyläon für den Treppenbau hält. Von hier senkt sich in starker Neigung das mit Gesträuch und Unterholz bewachsene Vorland, nach Westen immer schmaler werdend, bis es ganz aufhört, zu dem noch etwa 100 Meter tiefer liegenden Meere, dessen krystallene Wellen über dem blau

und grün schimmernden Grunde um herabgestürzte Felsblöcke und alte Palasttrümmer spielen.

Den Zugang zu der Felsentreppe bildet ein etwa eine
Viertelstunde langer Weg, der neben der Kirche S. Costanzo
sich von der von der Grossen Marina nach Capri führenden
Strasse abzweigt und in Absätzen mittelst 227 Stufen bis
zum Fusse der Steilwand ansteigt. Die Gesammtzahl der
Treppenstufen würde sich also, wenn man Mangoni's Angabe
zu Grunde legt, auf 760, und unter Hinzurechnung derjenigen zwischen dem Strande und S. Costanzo auf etwa
880 stellen.

Capitel VI.

# Der Ostgipfel mit der ›Jupitersvilla‹. — Die Mithras-Grotte.

Zwölf palastartige Villen hat Tiberius dem Zeugnisse des
Tacitus zufolge auf der Insel erbaut. Nur eine von diesen,
im Dialekte der Eingeborenen Villa di Timberio genannt,
hat eine kenntliche Gestalt bewahrt und wird von allen
Capri-Pilgern in Augenschein genommen, weil sie auf dem
schönsten Aussichtspunkte der Insel gelegen ist.

Wenn die Villen mit den Namen der zwölf Götter bezeichnet waren, so hat jene unbestreitbaren Anspruch auf
den Namen der ›Jupitersvilla,‹ von welcher Sueton (Tib. 65)
spricht. Sie liegt hoch auf dem Rande der Ostküste, da
wo dieselbe sich zu einer Höhe von 323 Meter erhebt, um
senkrecht zu der Meerenge abzufallen, die Capri vom Vorgebirge der Minerva trennt. Es ist nächst dem Monte
Solaro der höchste Punkt der Insel, von Westen her auf
fortwährend sanft ansteigendem Wege leicht zugänglich, von
allen anderen Seiten unnahbar.

Es ist schwer, einen Ausruf des Erstaunens zurück-
zuhalten, wenn man, auf der Höhe anlangend, plötzlich der
gegenüberliegenden märchenhaften Küsten ansichtig und der
Lage des Ortes gewahr wird. Eine Einsiedelei und eine
Capelle, der »hilfreichen Muttergottes« — S. Maria del
Soccorso — geweiht, steht hoch auf den Trümmern der
alten Kaiserburg. Neben ihr ist eine Terrasse, durch eine
Brüstung vom Absturz getrennt. Unwiderstehlich suchen
die Augen des Ankömmlings zuerst die grausige Tiefe, und
begierig gleitet der Blick an den zackigen Felswänden bis
zum Meere hinunter, das entweder in kaum hörbarer Brandung um deren Fuss schlägt oder in dunkler Klarheit, bis
zum Grunde durchsichtig, das andere Gestade widerspiegelt.
Dann aber schweift der Blick, kaum zu sättigen, in die
wundervolle Ferne. Links folgt er der mit Ortschaften wie
mit Kleinodien besetzten Linie des neapolitanischen Golfes,
des »Kraters,« wie ihn die Alten nannten; rechts wird er
an den grandiosen Felswänden der Amalfitaner Küste entlang in den Busen von Salerno und bis an den ostwärts
verschwimmenden Küstensaum von Pästum geleitet. Man
kann an hellen Abenden die Tempel der Poseidon-Stadt
und nordwestwärts das Circeische Vorgebirge und die Ponza-
Inseln mit blossem Auge unterscheiden. Ganz nahe —
kaum 5 Kilometer entfernt — liegt das Vorgebirge der
Minerva, jetzt Capo di Campanella, die äusserste Spitze
eines baumlosen, deshalb in allen Farben glühenden kegelförmigen Berges, mit welchem die Sorrentiner Halbinsel endet.
Sie erscheint wie eine kleinodiengeschmückte Hand, die sich
vom grossgriechischen Festlande herüberstreckt, Capri zu
begrüssen und an die alte Zusammengehörigkeit zu erinnern.
Als drüben auf dem Vorgebirge an Stelle des Leuchtthurms
noch der Marmortempel der Athene sich in den Fluthen
spiegelte und hier oben das Lustschloss glänzte, mochte es
scheinen, als wollten Festland und Insel ihre Juwelen sich
entgegenhalten.

Hier oben ist es schön zu allen Tageszeiten: früh
Morgens, wenn die Sonne über die Felsenberge von Amalfi
heraufsteigt und der Riesenschatten des Monte S. Angelo
langsam vom Cap Campanella nach den duftigen Höhen

von Termini und Massa, nach den Sirenen-Inseln und dem Armida-Garten von Sorrento zurückweicht, drüben aber die röthlich weissen Häusermassen Neapels, die gelblichen Tuff-wände des Posilippo und des misenischen Vorgebirges hell aus dem Morgennebel hervortreten; Mittags, wenn die warme zitternde Luft vom stärkenden Dufte der würzigen Berg-kräuter erfüllt ist, die leicht bewegte krystallklare Fluth unten schimmert und glitzert, das grüne Gartenmeer unter uns aber von keinem Hauche bewegt wird; und Abends, wenn die östlichen Küstenberge durch alle Abstufungen des Roth und Violett bis in ein schwarzes Blau übergehen, die Rauchwolke des Vesuvs vom letzten Strahl vergoldet wird und der rothe Sonnenball bei Ischia glühend ins Meer ver-sinkt.

Ein Poet sollte auch nach Sonnenuntergang den Trümmer-hügel ersteigen. Wenn nächtliche Schatten sich über den-selben ausbreiten, so werden von selber die Geister der Vergangenheit lebendig und sichtbar. Auch ich habe im Weben der Abenddämmerung, im geisterhaften Mondschein und im stürmischen Nachtwind in den Ruinen gesessen und habe wunderbare Dinge gehört und gesehen. Ich könnte auch ausführlich davon erzählen; aber am hellen Tage nehmen solche Geschichten sich nicht gut aus, und Mancher würde vielleicht den Kopf schütteln, wenn ich be-richtete, dass mir an einem Abend der greise Imperator erschienen ist, am Arme seines Vertrauten Macro in einer Säulenhalle auf- und abwandelnd, zuweilen einen spähenden Blick auf das Meer werfend und unablässig Namen in eine Schreibtafel einzeichnend; dass ich ein anderes Mal einen glanzvollen Zug von Senatoren und Rittern, geschmückten Knaben und Mädchen, sänftetragenden Sclaven und musi-cirenden Gauklern in die Villa einziehen und darauf im Angesichte des grimmig lächelnden Kaisers eine sinnverwirrende Orgie beginnen sah; dass ein Blick durch eine Felsritze in einer verborgenen Höhle mir eine Gruppe der schönsten Weiber in märchenhaftem Schmucke zeigte. Ich dränge also derartige Mittheilungen zurück und unterlasse es auch, mit Tacitus und Suetons Hilfe das übliche grausig anziehende Bild zu entrollen, in welchem die blutdürstige, bresthafte

und lüsterne Figur des angstgeplagten Despoten, die aus-
schweifenden Badescenen, das zuchtlose Faun- und Nymphen-
gesindel, die Spinthrier, der klettergewandte Fischer mit der
Barbe und dem Hummer, die Sturz-Executionen u. s. w. ihre
Stelle zu finden hätten. A. Stahrs verfehlte Ehrenrettung des
Tiberius, deren Tendenz ihn verführt hat, unter Verketzerung
eines Tacitus den Stiefsohn des Augustus zu einem Aus-
bunde aller Vorzüge und Tugenden zu machen, kann uns
ebenso wenig überzeugen, dass die Geschichte das über denselben gefällte Urtheil auszulöschen habe, wie die Beweis-
führung Wiedemeister's, welcher die Claudier in Bausch und
Bogen für verrückt erklärt.

Andrerseits sind gewiss nicht alle haarsträubenden
und widerlichen Schilderungen Suetons für baare Münze
zu nehmen. Wer sich für die dramatischen Details inte-
ressirt, kann sie leicht an der Quelle nachlesen. Wir begnügen uns mit der aufmerksamen und — ich verspreche
es — lohnenden Betrachtung der greifbaren Ueberreste,
welche uns mit Bewunderung und Erstaunen ob der über-
wältigenden Kunst, Thatkraft und Verschwendung erfüllen,
durch welche die einsame wilde Felseninsel in ein Zauber-
schloss verwandelt wurde.

Man nähert sich der »Jupitersvilla« auf einem ostwärts
ansteigenden Saumwege, der aller Wahrscheinlichkeit nach
der Richtung einer antiken Strasse folgt und sicherlich
schon vor der Anlage der heutigen Stadt Capri vorhanden
war. Die Anlage eines Weges ist auf dem unebenen,
felsigen und doch überall für die Cultur ausgenützten Boden
so schwierig und kostspielig, dass man sicher keine vor-
handene Strasse, wo sie nicht überflüssig geworden ist, aufgegeben oder verlegt hat. Besagter Saumweg aber ist die
einzige Verbindung zwischen der Stadt und der garten-
bedeckten östlichen Hochebene. Er ist mit den glatten
Kalksteinen gepflastert, welche der überall zu Tage tretende
Felsboden liefert und welche auch das Material für die
Mehrzahl der Bauernhäuser und für sämmtliche Gartenmauern hergeben. Nur streckenweise ist er von solchen
eingeschlossen und beschattet. Meist lässt er den Blick über
die grünen fruchtbeschwerten Pflanzungen frei und gewährt

rückwärts eine herrliche Aussicht auf das Meer zu beiden
Seiten der Insel, auf die orientalisch hingelagerte weisse
Stadt mit ihren flachen Dächern, Kuppeln und Palmen und
auf die hinter derselben aufsteigende mächtige Bergwand.

Vorbei an hohen Mauern, über welche rosenfarbige
Dolden des Oleanders und feurige Granatblüthen nicken,
Oelbäume ihre zarten graugrünen Zweige strecken, an Baum-
pflanzungen, in denen die schwerbeladenen Reben sich von
Ast zu Ast schlingen, an niedrigen Steinwällen, mit riesigen
Aloës und Opuntien besetzt, an fensterlosen Bauernhütten,
aus deren schwarzem Inneren barfüssige Kinder mit wirrem
Haar und intelligenten Augen neugierig hervorstürmen, an
Eisengittern schmucker Villen, zuletzt an gesträuchbewachsenen
Felsvorsprüngen, die unseren Weg von dem See-Abgrunde
zur Rechten trennen, gelangen wir zunächst zu dem Platze,
welcher schon zu Suetons Zeit als Merkwürdigkeit vor-
gewiesen wurde, weil — wie jener versichert — Tiberius
die Opfer seiner Grausamkeit nach langen und ausgesuchten
Martern von hier in die Meerestiefe hinabstürzen liess. Es
ist der jetzt mit einem Mäuerchen umgebene Rand einer
Felswand, die etwa 250 Meter fast senkrecht abfällt. Der
Ort wird als »Salto di Tiberio« — Tiberiussprung — den
Besuchern gezeigt, die dafür eine kleine Abgabe an die
Inhaberin des Grundstücks und einer Gastwirthschaft ent-
richten, welche den einzigen Zugang beherrscht. Wer öfter
kommt, ist von diesem Zoll — dem einzigen bis jetzt in
Capri eingeführten — befreit und erhält auch die Flasche
weissen milden Capri-Weines um ein erheblich Billigeres als
die reichen Amerikaner und Russen, die in Cavalcaden mit
Führern, Dienern und Packeseln heraufziehen, sich von dem
Cicerone die Mordgeschichten erzählen lassen und ihren
Schauder durch zahlreiche Libationen bekämpfen, auch zuweilen im aufliegenden Fremdenbuch ihren gesteigerten
Gefühlen Luft machen, ohne doch jemals an den Schwung
deutscher Touristenfedern oder -Pinsel heranzureichen.

Die freundliche Alte klagte mir, dass sie sich jüngst,
auf den glatten Steinen des Weges ausgleitend, den Arm
verletzt habe und nun ihrem Sohne in Amerika nicht eigenhändig schreiben könne.

Stadt Capri mit dem Monte Solaro (von Osten).

Der Knabe hatte Anlage und Neigung zur Musik gezeigt. Mit Hilfe eines Gönners hatte er sich zum Gesang-
und Clavierlehrer ausgebildet, war als solcher der herrschenden Neigung gemäss über den Ocean gegangen, hatte unter
den Yankees diesen künstlerischen Beruf mit dem kauf-
männischen vertauscht und sein Glück gemacht. Die Gedanken
der Alten weilten unausgesetzt bei dem Sohne. Sie denkt
an ihn, auch wenn sie den Touristen den »Salto di Tiberio«
zeigt und die seit einem Menschenalter viele tausend Male
wiederholten Sueton'schen Anekdoten erzählt. Was kümmern
sie die Thaten des fabelhaften Tyrannen? Was die Ruinen
des wenige Schritte entfernten, etwa 20 Meter höher liegenden Leuchtthurmes, der einige Tage vor dem Tode des
Tyrannen zusammenstürzte? Vor ihrem Auge steht die
schlanke Gestalt eines lockigen Knaben', der einst zwischen
den Ruinen umherkletterte, vom Salto Steine in die Tiefe
warf und trotz aller Verweise durch waghalsige Klettereien
sie so oft in Schrecken setzte. Ihr Inneres beschäftigt die
Frage, ob sie den Fernen noch einmal an ihr Herz schliessen wird, bevor ihr morscher Leib zerfalle wie jene
Ruinen. —

Es bedarf besonderer Kraft und Geschicklichkeit, um
einen Stein vom Salto direct ins Meer zu werfen. Hiedurch
wird es sehr unwahrscheinlich, dass wir uns an der authen-
tischen Sueton'schen Henkerstelle befinden. Der Schilderung des Schriftstellers zufolge waren am Fusse des Felsens,
jedenfalls in Kähnen, Seesoldaten mit Stangen und Rudern
postirt, um den Herabgestürzten vollends den Garaus zu
machen. Dies war offenbar nur nöthig, wenn jene unmittelbar in das Wasser fielen. Ein menschlicher Körper, der
vom »Salto« hinabgestürzt würde, müsste so oft auf die
Felsvorsprünge aufschlagen, dass er nur zerschmettert und
leblos unten anlangen könnte. Es ist also wahrscheinlicher,
dass die wahre Executionsstelle sich weiter ostwärts befand,
wo etwa 50 Meter höher und unmittelbar bei der Villa sich
ein viel passenderer Punkt findet. Ich fürchte nicht, dass
meine alte Freundin hiedurch eine Einbusse erleide; denn die
Tradition wird sich ihr Recht nicht nehmen lassen, und die Besucher werden nach wie vor den gewohnten Platz aufsuchen.

Unzweifelhaft zu identificiren ist der genannte Leucht-thurm. Der Ueberrest, jetzt mit Treppchen, Plattform und Brüstungsmauer versehen und zu einem weitschauenden Aus-sichtspunkte gemacht, ist an 16 Meter hoch, unten etwa 13 Meter im Geviert. Die massive Basis ist mit Ziegelwerk bekleidet, das durch seine vortreffliche Construction auf die Zeit Cäsars oder Augusts hinweist und vorzüglich erhalten ist. Der Pharus erhob sich hart über dem Rande der hier 270 Meter tief abstürzenden Ostküste und zeigte den Schiffern die Durchfahrt zwischen der Insel und dem Vorgebirge der Minerva. An den vier Ecken der Basis sprangen Ziegelpfeiler vor, die wahrscheinlich Säulen trugen. Der Boden ringsum ist durch Bautrümmer erhöht und von solchen bedeckt; unweit steht noch ein anderer Gebäuderest.

Ungeduldig eilen wir nun den Pfad aufwärts, der uns zu den hochragenden Gewölben der Villa führt. Noch ehe wir sie erreichen, werden wir auf ein paar Mauern aufmerksam, die im Grün der traubenschweren Reben fast versteckt sind. Ein Steintreppchen führt zur Linken des Pfades in einen Raum hinab, der durch eine Ausgrabung freigelegt worden ist. Es ist ein Zimmer von ungefähr zwölf Schritten im Geviert, mit Mauern aus netzförmigem Tuff und Ziegeln bester Construction und einem Fussboden aus weissem Mosaik mit schwarzen Zeichnungen, von dem ein Theil gut erhalten ist. Vier Säulen, zwei grössere und zwei kleinere, standen, ein Viereck bildend, in dem Zimmer auf in den Boden ein-gelassenen Lavaquadern. Eine der kleineren liegt zerbrochen am Boden; sie ist von sogenanntem tiberianischen Marmor, das heisst von Cipollino. Von den grösseren sind nur die weissmarmornen Basen, oben 68 Centimeter im Durchmesser, vorhanden. In der Ostwand ist eine fast die ganze Breite derselben einnehmende, flache, viereckige Nische. Hier mag eine Bank gestanden haben, von der man den westwärts befindlichen Eingang und vielleicht die zur Villa führende Strasse überblicken konnte. Dass nämlich das Zimmer als eine Art von Vestibül oder Eingangshalle gedient habe, wird durch seine Lage und die Säulen und noch mehr dadurch wahrscheinlich gemacht, dass ein ansehnlicher Corridor auf dasselbe mündet, welcher, mit drei Lavastufen beginnend und nach Norden ansteigend, vor der ganzen Westfront des Palastes hinläuft. In dem kleinen, zugleich mit dem Vorzimmer ausgegrabenen Corridortheil sind sowohl die Wände, die am Sockel Tuff-Netzwerk, darüber Bruchsteine abwechselnd mit Ziegelbändern zeigen, wie auch der Fussboden aus kleinen weissen Marmorsteinen mit schwarzem Randstreifen vortrefflich erhalten.

In den tiefer liegenden Gärten westwärts finden sich noch mancherlei Mauer- und Gewölbereste; über ihre Ausdehnung, Beschaffenheit und Zugehörigkeit könnte nur eine Ausgrabung Gewissheit geben. Eine Schnecken sammelnde Frau, die mich, während ich mass und zeichnete, mit köstlichen Trauben versorgte, konnte sich meine aufmerksame Betrachtung der Trümmer nicht anders als durch den Wunsch der Veranstaltung einer Ausgrabung erklären. Sie redete mir angelegentlich zu, ihren Weingarten zu erwerben oder zu miethen. Nach ihrer Ueberzeugung waren noch viele »belle cose«, das ist schöne Sachen, unter der Erde zu finden. »Wenn wir so viel Geld hätten, wie der Herr, hätten wir schon längst angefangen. Hören Sie, wie es hohl klingt? (Dabei warf sie ein Stück einer Marmorstufe heftig auf den Boden.) Da unten sind viele grosse Grotten, in denen »Timberio« seine Schätze versteckt hat. Man hat auch vor vielen Jahren eine Menge schönen Marmors herausgezogen und theuer verkauft. In einem unterirdischen Saal ist Timberio selber zu Pferde, ganz vergoldet. Ja, wenn man das Geld hätte, um alles das auszugraben! Sarebbe la più bella cosa del mondo.«

Es ist eine alte, von den Eingeborenen nicht bezweifelte Tradition, dass im vorigen Jahrhundert ein Eremit, der bei der Marienkapelle dort oben hauste, unter den Trümmern ein Götterbild von massivem Golde gefunden und mit demselben sich heimlich von der Insel entfernt habe. Der Schlange, mit deren eigenhändiger Fütterung Tiberius sich nach Sueton unterhielt, wird durch die capresische Tradition ein bestimmtes Zimmer dieser Villa zugewiesen. Die Frau wusste mir auch dieses zu bezeichnen. Es geht die Sage, dass der unterirdische Raum mit der Reiterstatue des Kaisers vor 50 bis 60 Jahren durch einen Knaben aufgefunden

worden sei, der, durch eine enge Oeffnung eindringend, einen
Mann auf einem kolossalen bronzenen Pferde, umgeben von
vier Männergestalten zu Fuss, erblickt habe. Als er aber
mit Anderen wiederkehrte, konnte er den Eingang nicht
mehr finden.

Doch ich komme zur Beschreibung der Palastanlage.
Das Hauptgebäude ist gleich der Königsburg von Tiryns im
Anschluss an die natürlichen Unebenheiten des Berges terrassenförmig angelegt und stieg in drei Stockwerken in die
Höhe, von denen nur das unterste und geringe Reste des
zweiten und dritten erhalten sind. Den am höchsten aufragenden centralen Theil, ein Quadrat von 28 Meter Seiten-
länge, bilden vier mächtige, je 7 Meter breite und 28 Meter
lange nach Westen geöffnete gewölbte Räume. Ihre Höhe
ist verschieden, da der Felsboden, in den sie zum Theil
eingehauen sind, ein verschiedenes Niveau hat. Die Wölbungen der beiden südlichsten Kammern sind eingestürzt;
die der beiden anderen sind erhalten. Die gewaltigen Mauern
aus Bruchsteinen und Ziegeln, zum Theil noch mit stein-
hartem grauem Kalkbewurf bedeckt, haben den Jahrhunderten
und den zerstörenden Menschenhänden widerstanden. Nicht
so der Oberbau, der auf diesen Gewölben thronte und die
Hauptgemächer des Palastes enthalten haben muss. Noch
höher als die jetzige Aussichtsterrasse neben der Marienkapelle aufsteigend, bot er nach allen vier Himmelsrichtungen
die freieste Aussicht über die unteren Terrassen und Partieen
der Villa, wie über die Insel und das Meer. In der That
konnte von hier aus die Annäherung jedes Fahrzeuges auf
drei Seiten des Eilandes beobachtet werden. Nur an der
Küste von Anacapri, die durch die breite Wand des Monte
Solaro verdeckt wird, kann ein Schiff landen, ohne von hier
gesehen zu werden. Aber die Landung ist dort schwierig,
und eine der zwölf Villen, die von Damecuta, beherrschte
in ähnlicher Weise jene Küste.

In den der Wölbung beraubten Räumen wachsen Feigenbäume; dichter Graswuchs bedeckt die Fussböden; Ranken
und Gestrüpp heften sich an die unverwüstlichen Mauern.
Das zweite der vier Gemächer, vom Süden gerechnet, ist
durch Quermauern von Bruchstein in vier gleich grosse,

nahezu quadratische, hinter einander liegende Gemächer getheilt, die durch Thüren mit Ziegelwandungen unter einander
verbunden sind. Das letzte Gemach schliesst ein Limonen-
gärtchen ein. Das zweite steht durch eine schmale, vom
Fussboden bis unter die Wölbung reichende Bogenöffnung
in der linken Wand mit dem sich nordwärts anschliessenden
dritten Hauptgewölbe in Verbindung. Dieses ist das besterhaltene. Es hat eine Höhe von mehr als 20 Metern und
ist durch eine nicht bis zum Gewölbe reichende durch-
brochene Querwand in zwei Theile geschieden. Balkenlöcher
in den mit hartem Stuck bekleideten Mauern zeigen, dass
es zwei Stockwerke besass; doch ist diese Theilung vielleicht
auf eine spätere anderweitige Benützung zurückzuführen.
Ganz ähnlich, ebenfalls noch mit der Wölbung versehen,
aber minder tief, ist der vierte grosse Raum. Eine gewölbte
Oeffnung in der Nordwand, nahe dem Eingange, verbindet
ihn mit einem jetzt ganz dunklen, in den Felsen gehauenen
oblongen Souterrain von ziemlicher Tiefe. Ich habe dies
früher für einen Kerker gehalten, schliesse mich aber jetzt der
schon vor fünfzig Jahren von dem verdienten Mangoni aus-
gesprochenen Meinung an, dass es zur Sammlung des Regen-
wassers gedient habe, welches hier eine erste Ablagerung
seiner unreinen Bestandtheile erfuhr, um dann in die grossen
Reservoirs zu strömen. Denn dass als solche die oben
beschriebenen vier gewölbten Räume gedient haben, kann
nicht bezweifelt werden, während durch die ausserordentliche
Dicke und Stärke der Mauern evident wird, dass sie einen
Oberbau zu tragen hatten. Kein Wunder, dass von demselben
nur unkenntliche Mauerreste übrig sind. Er war nie verschüttet und forderte durch seinen kostbaren Wandschmuck,
seine Metallverzierungen, die marmornen Pfosten und Schwellen,
die schönen Fussbodenplatten u. s. w. seit den ältesten Zeiten
zur Beraubung auf. Beim Graben nach Schätzen wurden die
Mauern und Wölbungen gewaltsam durchbrochen. Wind
und Wetter setzten den Ziegelwänden zu; viele Generationen
von Bauern schleppten die Bausteine fort, um ihre Häuser
und Gartenmauern daraus zu errichten. Nicht einmal die
winzigen Stifte, aus denen die gewöhnlichen Mosaik-Fussböden
zusammengesetzt sind, wurden verschont. In einem der

Corridore fand ich drei Knaben, die eifrig »alla boccia«
spielten. Sie benützten dazu die rechteckig behauenen Marmor-
steinchen, die in Haufen neben ihnen lagen und frisch aus
den Fussböden gebrochen waren. »An der Zerstörung der
Villa haben wir selber die meiste Schuld,« sagte mir der
Pfarrer von Capri ganz offen, »und ich war als Knabe einer
der Hauptvandalen. Niemand dachte daran, uns Einhalt zu
thun. Wir brachten als Seminaristen von jedem Gange nach
der Capelle Taschen voll Mosaiksteinchen (pietruzze) mit
heim.« Da diese gute Sitte Jahrhunderte gedauert hat, so
kann man sich nur darüber wundern, dass von den Fussböden etwas übrig geblieben ist.

Der beschriebene Mittelbau war auf allen vier Seiten
von beträchtlich niedrigeren, flachgedeckten Gebäudetheilen
eingefasst. Der Complex auf der Südseite, der am tiefsten liegt
und von dem Ankömmling zuerst bemerkt wird, zeigt in
der Front die Reste dreier gewölbter Zimmer von ungleicher
Ausdehnung. Im zweiten derselben, dessen hintere Hälfte
durch Futterwände aus Tuffnetzwerk und Ziegeln und durch
eine zweite Wölbung verengert ist, sind Reste von Stuck
mit schwarzer, rother und gelber Bemalung zu sehen. Eine
schöne Pferdefigur an der Wölbung wurde zur Zeit der
englischen Besetzung sammt dem Stuck abgelöst und ent-
führt. Das dritte Zimmer, jetzt als Kuhstall benützt, besitzt
noch die vollständige Wölbung. Spuren von Wasserröhren
haben schon vor langer Zeit die Annahme entstehen lassen,
dass diese Zimmer die verschiedenen Theile eines Bades
gebildet haben. Ihre Lage im Süden des Palastes und auf
dem niedrigsten Theile des Hügels, wohin also das Wasser
aus den höher gelegenen Cisternen unschwer geleitet werden
konnte, unterstützen die Annahme. Wir würden dann in
den drei Räumen, wie üblich, das »frigidarium«, »tepidarium«
und »caldarium« zu erkennen haben. Ein viertes kleines
Gemach, das besterhaltene von allen, an Wänden und
Wölbung gleichmässig weiss stuckirt, jetzt zum Schweinestall herabgewürdigt, liegt quer hinter dem »frigidarium«,
für das es wahrscheinlich als Sammelbecken diente.

Ganz erstaunlich ist die Massenhaftigkeit und Festigkeit
der Mauern. Die Hauptmauer, welche den Mittelbau im

Viereck einschliesst, ist durchweg über einen Meter, an den
Ecken fast zwei Meter dick; die Bruchsteine bilden mit dem
Mörtel zusammen eine untrennbare felsenharte Masse. Auch
die Trennungsmauern der vier grossen Cisternen haben einen
Meter Stärke und sind theilweise noch durch Futtermauern
von halber Dicke verstärkt. Ueberhaupt haben die in dem
Mauerviereck befindlichen Räume sämmtlich noch ihre eigenen
an die Aussenmauer angelehnten Wände, so dass sie fertig
wie eine ungeheure Schachtel hineingestellt erscheinen. Die
Nord- und die Süd-Umfassungsmauer reichen ostwärts bis
an den Felsabhang, so dass es auf der hinteren Seite keiner
Mauer bedurfte. An dieser Seite muss der vielgenannte
Fischer über die steilen Felszacken (»a tergo insulae per
aspera et devia«) mit Lebensgefahr tausend Fuss hoch hinaufgeklettert sein, um für seine Gabe so grausam belohnt zu
werden. Vielleicht ging Tiberius gerade in geheimen Ge-
sprächen (»secretum agens«) mit einem Vertrauten in der
bogenförmigen Halle spazieren, welche, die köstlichste Fern-
sicht bietend, hart am Küstenrande den östlichen Abschluss
der Villa bildete. Sie begrenzte eine symmetrische Gruppe
von Zimmern, die, sich rückwärts an den Mittelbau an-
schliessend, den höchsten östlichen Theil des Berges einnimmt. Ein 40 Meter langer, 3$^{1}/_{2}$ Meter breiter, einst über-
wölbter Corridor trennt ihn von der hinteren, auch hier
noch hoch aufragenden Wand der vier Reservoirs. Auf ihn
münden mehrere grosse Zimmer und eine auf seiner Mitte
senkrechte Gallerie, welche die Zimmergruppe in zwei symmetrische Hälften theilt und ostwärts die genannte bogenförmige Halle in der Mitte trifft.

Die Gallerie ist an 19 Meter lang und 5$^{1}/_{t}$ Meter
breit und wird in der Mitte abermals senkrecht durch einen
schmalen Gang durchschnitten. In den Zimmern und Gängen
sind noch jetzt hübsche Reste von Fussboden-Mosaik und
Stuckbekleidung zu sehen; aber mit Bedauern vergleicht man
hiermit die Schilderung Mangoni's, der die Räume wenige
Jahre nach den durch Feola vorgenommenen Ausgrabungen
besichtigte und mit Bewunderung von der Frische der
Wandgemälde, die er mit denen von Pompeji und Herculanum
vergleicht, von der Unversehrtheit der Wände, dem vor-

züglichen Zustande der scheinbar eben erst von den Bewohnern verlassenen Gallerie, der Schönheit der Fussböden,
den prächtigen Marmorresten u. s. w. redet. Man muss fast
bedauern, dass die Aufdeckung stattgefunden hat, da man
nicht verstanden hat, das Aufgedeckte zu schützen. Die Ausgrabungen fanden 1827 auf Befehl Francescos I. unter
Leitung des verdienten »Alterthümer-Inspectors« Giuseppe
Feola statt, welcher 1830 einen ausführlichen, aber Manuscript
gebliebenen Bericht an den General-Intendanten der Ausgrabungen, den auch um Pompeji und die anderen neapolitanischen Ruinenstätten hochverdienten Marchese Arditi,
richtete. Unter den Funden war manches sehr Werthvolle:
so zwei grosse Marmor-Puteale mit Reliefdarstellungen des
Frühlings und des Herbstes, ein Marmorrelief, etwa 50 Cm.
hoch und breit, mit einer anstössigen Cultusdarstellung von
vortrefflicher Ausführung u. a. — alles jetzt im Neapeler
Museum.

Mit allem Vorstehenden habe ich erst einen Theil der
Villa Jovis beschrieben, dessen Plan noch jetzt genau fest-
gestellt werden kann. Schwerer ist dies bei den zahlreichen,
an den Centralbau, namentlich westwärts, sich anschliessenden
Gemächern, unmöglich bei den Theilen, die unterhalb der
Einsiedelei verborgen sind oder noch in den umliegenden
Gärten versteckt liegen. Es bedürfte einer umfassenden
Ausgrabung, um nur die Hauptlinien der imposanten Palastanlage festzustellen und zu bestimmen, ob wir es mit einer
einzigen oder mit zwei Villen zu thun haben. Eine ansehn-
liche Gruppe von nur zum Theil aus dem Erdreich hervorragenden gewölbten Räumen liegt einige hundert Schritte
nordwestlich vom Mittelbau auf einem Vorsprunge des
Hügelabhanges, und viele unkenntliche Reste liegen noch
tiefer in dem rebenbepflanzten Boden versteckt. Zur »Villa
Jovis« gehören mehrere Reihen von kleinen gewölbten Zimmern,
welche vor der West-Façade am Fusse der grossen Reservoirs
sich hinziehen und unter dem Namen »le grotte«, halb oder
ganz in der Erde verborgen, von den bäurischen Besitzern
als Keller, Ställe und Vorrathsräume benützt werden. Ein
hoher und schmaler unterirdischer Corridor trennt sie von
der Front des Palastes: Er ist, wie die Zimmer, aus bestem

Tuffreticulat und Ziegeln hergestellt und hat dieselbe Richtung
wie der schon früher erwähnte, von dem Säulen-Vorzimmer
auslaufende breitere Corridor, der, allem Anscheine nach als
Zugang zum Hauptgebäude ansteigend, über jenem parallel
hinweglief und sein nördliches Ende oder Gegenstück in
einem gleichfalls ansteigenden, etwa 40 Schritte langen
Corridorstück findet, das dieselbe Breite, genau dieselbe
Richtung und den gleichen unversehrt erhaltenen Fussboden
von weissen Marmorwürfeln mit zwei schwarzen Längs-
streifen besitzt. Reste gelben Stucks sind in diesem Corridor
zu sehen. Eine antike Treppe von 22 Stufen führt in zwei
Absätzen zu dem Zimmercomplex hinauf, der zum Theil
die Marienkapelle und die Einsiedelei trägt. Eine andere
Treppe von 16 Stufen führt am Nordabhange abwärts, verliert sich aber unter der Erde eines Weinberges. Gewiss
mündete sie auf einen anderen Corridor, der einen nordwärts
gerichteten Flügel der Villa begrenzte, von welchem nur
wenige ruinenhafte gewölbte Räume zu sehen sind. Der
unterirdische Corridor, den man mit einem Lichte ohne
Gefahr durchwandern kann, führt zu anderen gewölbten
Zimmern, von denen vor Zeiten sechs ausgeräumt und durch-
sucht worden sind. Jetzt sind blos die zwei vordersten zugänglich. Ausser Stuckresten sieht man nichts darin. In einem
dieser Zimmer wurde schon zur Zeit König Karls III. der
schöne Fussboden aus geometrischen Figuren von kostbaren
fremden Marmorsorten gefunden, der jetzt das Presbyterium
in der Hauptkirche Capri's schmückt. Eine in demselben
Zimmer gefundene griechische Marmorfigur einer Nymphe
kam in den Besitz des damaligen Vorstehers von Capri, des
Signor d'Andrea. Säulen aus Giallo antico, in derselben
Gegend gefunden, wurden zersägt, um die Altäre und den
Chor derselben Kirche und derjenigen der Theresianerinnen
zu schmücken. Saphire, Granaten und andere Edelsteine
wurden für die Dienste, die sie in ausgelassener heidnischer
Zeit geleistet hatten, dadurch entsühnt, dass sie die Halskette
und die Mitra des heiligen Constantius, Patrons der Insel,
schmücken mussten. Eine anderthalb Meter hohe, 26 Centimeter im Durchmesser haltende Säule aus Lapislazuli, »magnifi-
camente scolpita«, wurde durch den Finder, der ihren Werth

nicht zu schätzen wusste, um 40 Scudi an einen Engländer verkauft. Ebenso gingen verschiedene Bronze-Candelaber, geschnittene Steine, etruskische Vasen u. a. m. in den Besitz von Fremden über.

Hadrawa, von dessen interessanten, launig beschriebenen Unternehmungen in Capri wir noch reden werden, unternahm 1793 und 1804 Ausgrabungen in der Villa Jovis. Zwei schöne Marmortreppen aus einem Gemach, welches zwischen den grossen Cisternen und den südlichen Badezimmern liegt, schaffte er nach Neapel. Mangoni sagt, man sei auf ihnen in das Gemach hinabgestiegen. Dies ist ein Irrthum; denn ursprünglich lag der Zugang zu dem jetzt halb mit Schutt gefüllten Gemach nicht, wie gegenwärtig, höher als dessen Schwelle. Auch erkennt man deutlich an der linken Wand des Zimmers, das hinten den Rest einer Längsscheidewand und zweier Wölbungen zeigt, die Spur einer aufsteigenden Treppe. Da ferner der über den Badegemächern befindliche Oberstock, von welchem vier bis fünf Zimmer durch Reste guter Ziegelwände deutlich zu erkennen sind, keinen anderen Zugang von Süd oder West hatte, so muss angenommen werden, dass jene beiden Treppen die Hauptverbindung zwischen dem Eingangscorridor und den oberen Gemächern herstellten.

Hadrawa hat 1804 auch am antiken Leuchtthurm Ausgrabungen veranstaltet und dabei ausser den Grundmauern und einer unterirdischen Quadertreppe mehrere Sculpturen u. dgl. gefunden. Darunter war ein Basrelief aus gebranntem Thon, zwei Frauen mit aufgelöstem Haar in flehender Geberde darstellend, die ohne Grund für die Bildnisse der Crispina und der Lucilla erklärt worden sind. Der Pharus muss nach dem im Jahre 37 kurz vor Tiberius' Tode erfolgten Einsturze wiederhergestellt worden sein, da Statius seiner in den schon erwähnten Versen gedenkt:

»Und der Teleboer Heim, wo tröstlich für zagende Schiffer
Flamme des Leuchtthurms ragt, nachtwandelnden Mondes Rivalin.«

Der Vollmond war über die Gewässer von Salerno heraufgestiegen, während ich in den verschütteten Gewölben umherstöberte. Ohne einer Rivalität zu begegnen, goss er sein romantisches Licht über die Ruinenstätte aus. In den Sommernächten des Südens ist das Licht des Mondes nicht silbern, sondern golden. Er will nicht der bleiche Gedankenfreund, sondern der glühende Genosse der Freude sein, zu der die warme, duftberauschte Atmosphäre einladet. Goldgelb leuchten die weissen Mauern der Kapelle, des Häuschens am Salto, die Brüstung auf dem Pharus, die im dunklen Laube versteckten Bauernhäuser. Ich stecke aufathmend Notiz- und Skizzenbuch, Metermass und Bleistift in die Tasche und begebe mich auf die Plattform neben der Eremitenwohnung, wo schon die Freunde bei der Flasche sitzen, bald dem Tiberius, bald der Luna, bald dem unendlichen Meere zutrinkend. Wenn eine Pause im Gespräch eintritt, hört man keinen Laut. Eine phantastische Helle ist über alles ausgegossen. Die ganze Küste des Golfes ist deutlich zu erkennen, auch wo nicht ein breiter Lichterstreifen, wie in Neapel, die Lage der Stadt bezeichnet oder ein drehender Leuchtthurm, wie am Cap Misenum, ein Merkmal bietet. Der Vesuv würde auch ohne die rothglühenden Ströme sichtbar sein, die sich an der uns zugewendeten Flanke herab ergiessen. Die erhellte Fluth liegt vollkommen geräuschlos; unbeweglich schimmern die weissen Segel einiger Fischerbarken. Unser Ruf dringt zu ihnen, die Antwort herauf, obwohl das Meer 1000 Fuss tief unter uns liegt. Mit dem Mandeldufte des hohen Oleasterbusches am Aufgange zur Plattform, dessen tausend rosenartige Blüthen dunkler als am Tage glühen, mischen sich die starken Gerüche der gewürzigen Kräuter. Phantastisch recken die Feigenbäume und Opuntien ihre Aeste in die durchsichtige Luft. An der Ostwand des $4^{1}/_{2}$ Kilometer entfernten Monte Solaro ist jede Spalte, jeder Vorsprung zu erkennen.

Ich bleibe noch einige Minuten in den Ruinen zurück, nachdem alle Genossen den Rückweg angetreten haben und der Eremit seine Klause geschlossen hat, um den Zauber der Stunde ganz auf mich wirken zu lassen. Unter dem Lichte des Tages hält es schwer, sich das Bild des Einst treu zu vergegenwärtigen. Die Strahlen der Sonne dringen durch die offenen Wände und zerbrochenen Wölbungen bis

in die innersten Winkel; neues Leben ist aus dem Schutt
erwachsen; der Blick in die Weite entfernt den Gedanken von der
Vergangenheit dieser Ruinen. Bei Nacht fallen sie gewissermassen wieder unter die geheimnissvolle Gewalt der schauer-
lichen Mächte zurück, die vordem hier gehaust haben. Die
dunklen Räume füllen sich wieder mit längst entschwundenen
Gestalten; das zweifelhafte Mondlicht gaukelt uns die Figuren
vor die Augen, mit denen die Phantasie sich beschäftigt.
An diesem Abend habe ich deutlich einen wilden Tanz von
Nymphen und Panisken aufführen und dann plötzlich die
ganze luftige Gesellschaft in die Lüfte verwehen sehen.

Wiederholt hatte ich von den Nachgrabungen reden
hören, die Don Carluccio Canale mit einiger Heimlichkeit
bei der Villa Jovis vornehmen lasse. Es handelte sich darum,
die vermuthete unterirdische Verbindung der Villa mit einer
grossen Höhle aufzufinden, welche, nur vom Meere aus
sichtbar, an der senkrechten Felswand des »Salto« etwa
150 Meter über dem Meere sich aufthut. Es hiess, dass
bereits ein ziemlich geräumiger Stollen hergestellt sei, in
welchem man den Wind, wenn er direct in die Höhle blase,
deutlich verspüren könne. Ich begab mich deshalb, als
eines Tages starker Südost wehte, gegen Abend nach der
Höhe. Zwei der Arbeiter kehrten eben mit Hacke und
Schaufel von dem Tagewerk in dem Schachte zurück.
Der ältere, ein verwitterter jovialer Bursche, war sofort bereit, mich zu begleiten. Das Angebot einer Cigarre machte
ihn redselig. Auch er war überzeugt, dass die Unternehmung
eine sehr lohnende sein werde. »Es bedarf zwar noch
manches Arbeitstages,« sagte er, »und Don Carluccio muss
Geduld haben; aber es ist kein Zweifel, dass wir auf dem
richtigen Wege sind und die Höhle erreichen werden. Sehen
Sie, Herr, woher sollte der Luftzug im Schachte kommen,
wenn nicht von der Höhlenöffnung her? Und wir haben
noch andere Versuche gemacht. Wir haben in der Höhle
Schüsse abgefeuert, und man hat sie im Schacht deutlich
gehört?« — »Und was hofft Ihr zu entdecken?« fragte ich.
»Habt Ihr schon etwas Werthvolles gefunden?« — »Das
nicht,« war die lachend gegebene Antwort. »Aber gewiss
wird es molto magnifico sein, wenn alles fertig ist. Ich

bin selber früher in der Höhle gewesen. Man kann sich
von oben an Seilen zu ihr hinunterlassen oder vom Meere
hinaufklettern; es ist freilich gefährlich. Aber drinnen ist es
wunderbar. Ich bin zwei Tage und eine Nacht darin geblieben.
Von oben hat man mir alles Nöthige hinabgelassen: Brot,
Wein, Maccheroni; Nachts habe ich ein Feuer angemacht.
Sie hätten sehen sollen, wie das alles glitzerte: blau, gelb,
weiss — era troppo magnifico; und dann Hörner und
Knochen von riesig grossen Thieren.« Erzeugnisse der
Menschenhand und der Kunst, überhaupt Spuren der ver-
mutheten Benützung der Grotte in antiker Zeit hatten sich
nach den Angaben des Alten bisher nicht gefunden.

Mein Interesse wurde erregt durch die angeblichen
Riesenthierreste. Dass die blau, gelb und weiss schillernden
Herrlichkeiten nichts anderes waren, als Stalaktiten, wie sie
in zahlreichen Höhlen dieser Kalkberge vorkommen, war
mir klar.

Der Eingang zu dem Ausgrabungsschachte befindet
sich in einem Zimmer eines Bauernhauses im südwestlichen
Theil des antiken Gebäudecomplexes. Vor dem Hause und
in dem Zimmer liegen Hügel von Erde und Steinen aus
dem Schachte, darunter die vermeintlichen Thierknochen.
Manche Gebilde haben in der That eine höchst auffallende
Aehnlichkeit mit Schädel-, Becken- und Röhrenknochen
riesiger Säugethiere. In Wahrheit sind sie ausschliesslich
Stalaktiten, Stalagmiten und andere Kalkgebilde, an denen
die Natur ihren launischen Spieltrieb ausgeübt hat. Ist es
allzu skeptisch, wenn man muthmasst, dass die »als Giganten-
beine und Heroenwaffen bezeichneten übergrossen Glieder
ungeheurer Geschöpfe und wilder Thiere,« die nach Sueton
in Capri gefunden und nebst anderen Raritäten von Augustus
gesammelt wurden, nichts anderes als solche Kalkgebilde
aus den Stalaktitengrotten der Insel waren? Und darf man
dieselbe Herkunft etwa auch der »reichlichen Menge von
Gebeinen, verwesender Männer« zuschreiben, die laut der
homerischen Circe auf der Insel der Sirenen umherlagen?
Verwunderlich wäre es nicht, wenn die alten Seefahrer, hier
vorübersegelnd, die am Strande aufgehäuften weissen Steine
und Kalkgebilde für Knochen angesehen hätten. In der

Frage nach den Oertlichkeiten der Odysseus-Sage würde darin
ein neues Zeugniss zu Gunsten der Identificirung Capris
mit der Sirenen-Insel liegen, um so mehr, als Capri am
geraden Wege vom Vorgebirge Circeji nach der sicilischen
Meerenge liegt und kein anderes Gestade in der Nähe solche
Steine aufweist. Die an dem nahen südlichen Landungs-
platze, der Piccola Marina, ins Meer vorspringende, im Alterthum zu einem Molo benutzte Klippenbank heisst bei den
Fischern noch heute La Sirena.

In den etwa hundert Schritte weit freigelegten, in
Krümmungen und Absätzen abwärts führenden Gang bin ich
eingedrungen, bis wo er zu einem engen senkrechten Schachte
wird, in den die Arbeiter sich am Seile hinablassen. Er
ist von ganz ungleicher Weite, an mehreren Stellen so nie-
drig, dass man tief gebückt gehen muss, und hat sicher nie-
mals als Verbindungsweg gedient, da die vorspringenden
Gesteinzacken seiner Wandungen nirgends eine Spur von
Bearbeitung zeigen. Auch wenn die Verbindung mit der
Aussenhöhle hergestellt wird, was nicht ohne beträchtlichen
Aufwand an Arbeitskraft möglich scheint, so haben die
schon vorhandenen Naturschönheiten und Merkwürdigkeiten
Capris keine Verdunkelung zu befürchten.

An Grotten und natürlichen Höhlungen leidet die Insel
keinen Mangel.

Archäologische Berühmtheit hat die Grotte, welche
die Capresen unter komischer begrifflicher Verdrehung des
Namens als ›Grotta di Matrimonio‹ bezeichnen, obwohl
sie mit Ehe und Heirat nicht das Mindeste zu schaffen
hat. Der wahre Name ist ›Grotta di Mitromania,‹ muthmasslich abzuleiten von Mithrae magnum antrum, da sie
erwiesenermassen als Mithras-Heiligthum gedient hat.

Man gelangt zu ihr auf einem Fusspfade, der sich
$1/_2$ Kilometer östlich von Capri von dem Wege nach der
Villa Jovis kurz vor dem durch eine Tafel bezeichneten
Aufgange zum Monte S. Michele südostwärts abzweigt und
zuerst zwischen Opuntien- und Weinpflanzungen, dann an
den rothgelben, steilen, ausgehöhlten Wänden des Tuoro
Piccolo und an Oliven-Terrassen hin auch zu dem berühmten
Naturspiele des Arco Naturale, eines äusserst malerischen

schlanken Felsbogens hoch über dem blauen Meere, hinleitet. Der Pfad läuft an der nördlichen Lehne des kurzen und schmalen Hochthales zwischen den beiden »Tuoro« genannten Bergen hin, welches, zuerst von geringer westöstlicher Senkung, zuletzt mit einer steilen Schlucht zum Meere abfällt. Im Hintergrunde dieser Schlucht, wohl hundert Meter über dem Meere, befindet sich die hochinteressante Grotte, von deren einstiger geheimnissvoller Pracht leider nur noch wenige unförmliche Ruinen ein kaum vernehmbares Zeugniss ablegen. Die mächtigen Mauern, welche die dunklen Felswände bekleideten und die tiefe Höhle in einen gewölbten Saal verwandelten, sind zusammengestürzt; der Fussboden ist mit hohem Schutte bedeckt, und Trümmermassen sind in die Schlucht hinabgerollt. An Stelle einer kunstvollen Steineinfassung deckt dichtes Gerank und Gestrüpp die Mündung der Grotte. Kunstwerke und Weihgeschenke frommer Gläubigen sind verschwunden. Statt der Schaaren von Wallfahrern, von Opferern und Geschenke bringenden Seefahrern, die einst vom Ufer heraufzogen, klettert jetzt mühsam ein barfüssiger Fischer mit Korb und Angel, ein salzbedürftiger Landmann mit einem heimlich gefüllten Fässchen Seewassers oder ein Vogeljäger mit der Flinte durch das Gestrüpp herauf. Die Priesterlitaneien und die asketischen Gesänge sind verstummt; tiefe Stille umfängt den geheimnissvollen Ort.

Eine schmale Treppe von einigen Hundert Steinstufen, die wahrscheinlich seit dem Alterthum den Zugang von oben bildete, führt von der Sohle des Hochthales zum Eingang der Grotte hinab. Man betritt sie durch eine bogenförmige Oeffnung in ihrer Nordwand. Nach Osten ist sie jetzt ganz offen und man geniesst, wenn man im Innern steht, einen entzückenden Blick auf das Meer und die gegenüberliegende Küste. Das durch die hohen und schroffen Seitenwände der Schlucht künstlerisch umrahmte Bild umfasst die Meerenge, deren tiefe Gewässer smaragdgrün und veilchenblau heraufschimmern, die gegenüberliegende Spitze der Sorrenter Halbinsel, die Fels-Inselchen an der Südküste dieser Halbinsel und die den Golf von Salerno in der Ferne begrenzenden Berge.

Die Grotte ist gegen 30 Meter lang, fast 20 Meter breit und hoch. Sie war ursprünglich völlig ausgemauert. Jetzt ist die gemauerte Wölbung eingestürzt und auch die Seitenwände sind nur theilweise erhalten. Sie bestehen aus äusserst solider Gussmasse von Kalkbruchsteinen mit reichlichem Mörtel und waren mit Netzwerk aus Kalkstein und Tuf bekleidet. Den hinteren Abschluss bildet eine halbrunde Estrade in zwei Absätzen, jeder nicht viel über einen Meter hoch, gleichfalls aus opus incertum mit Reticulatbekleidung aus Tuf. Die Tiefe der Estraden ist in der Mitte grösser und nimmt nach beiden Seiten hin ab. Sie sind mit den Seitenmauern nicht verzahnt und unterscheiden sich von diesen einigermassen in der Construction.

Die Estraden sind im Centrum von einer schmalen Treppe von zweimal drei Stufen durchschnitten. Eine Nische für ein Götterbild, wie man sie im Centrum der Tribuna erwarten sollte, ist nicht vorhanden. Dagegen sieht man weiter rechts in der rückwärtigen Höhlenwand eine unregelmässige natürliche Vertiefung, welche zu irgendeinem Cultuszwecke gedient haben muss, da eine gemauerte Treppe von 12 Stufen, ein schmales Podium bildend, zu ihr hinaufführt. Während die Längs-Achse der Grotte um einige Grade von der W.-O.-Linie abweicht, schaut jene Felsnische genau nach Osten, so dass sie in der Zeit der Nachtgleiche von den Strahlen der aufgehenden Sonne getroffen werden musste.

Die gute Netzwerk-Construction beweist, dass der Bau aus der beginnenden Kaiserzeit stamme. Da der Dienst des persischen Sonnengottes schon zur Zeit des Pompejus in Italien eindrang, so ist die Annahme nicht auszuschliessen, dass die Grotte von vornherein zu einem Mithrasheiligthum bestimmt gewesen sei, während andrerseits recht wohl möglich ist, dass sie, ursprünglich zu den augusteischen und tiberianischen Bauten gehörig, erst später jenem Cultuszwecke gewidmet worden sei. Im ersteren Falle würde sie eins der ältesten Mithrasheiligthümer in Italien sein. Gewiss rauchte hier einst der Boden vom Blute der Opferthiere, ertönten Gesänge zu Ehren des Lichtgottes und Himmelsherrn, vollzogen sich geheimnissvolle Gebräuche in der dämmerigen Höhle.

Die nördliche Seitenwand des Tempels ist, soweit ihr Mauerwerk sich nicht an die Felsenwand anlehnte, das heisst im östlichen vorderen Theile, zusammengestürzt. Sie trennte einen niedrigeren seitlichen Theil der Höhle von dem Hauptraume ab. Jener Theil war ebenfalls ausgemauert und durch eine Zwischenwand in zwei gewölbte Zimmer mit guten Reticulatwänden verwandelt, von denen das grössere eine Länge von 5·29 Meter, eine Breite und Höhe von 4·76 Meter besitzt. Die Orientirung und Construction dieser Zimmer stimmen völlig mit der des Tempels überein. Hinter dem grösseren und neben dem kleineren Gemache, ebenso an der Decke, ist der natürliche unbearbeitete Felsen zu sehen, so dass an eine künstliche Aushauung hier ebensowenig zu denken ist wie bei der grossen Höhle, in welcher nur ein kleiner Theil der Südwand abgearbeitet worden ist, um für die halbrunde Estrade Raum zu schaffen. Das Material für das Netzwerk besteht aus grossen keilförmigen Stücken von einheimischem Kalkstein, grauem Tuf von Sorrent und gelblichem sogenanntem Posilip-Tuf. In der wahrscheinlich jüngeren Apsis kommen ziegelförmige Tufstücke vor; gebrannte Ziegel scheinen nur an den einem Neubau oder einer Restauration angehörenden Eingangspfeilern verwendet worden zu sein.

Nach einer Angabe Giraldi's ist ein interessantes Mithras-Relief in diesem Heiligthum gefunden worden. Dasselbe befindet sich jetzt im Neapeler Museum. Es zeigt die bekannte, oft wiederholte Darstellung: den jugendlichen Gott im orientalischen Costüm, auf dem niedergeworfenen Stier knieend, dem er das Messer in den zurückgebeugten Nacken stösst, mit dem Hund und dem Skorpion in der typischen Haltung, dazu aber noch eine grosse Zahl anderer symbolischer Figuren, deren Beschreibung mich hier zu weit führen würde. Die ganze Darstellung ist von Dupuis sehr gelehrt und ausführlich als eine uralte astronomische Allegorie von specieller Beziehung auf die Solstitien und Aequinoctien erklärt worden.

Wiederholte Nachgrabungen haben den Tempel aller monumentalen Reste beraubt. Inner- und ausserhalb desselben sind zahlreiche Fragmente von Marmortafeln, Säulen, Ornamenten, Statuen u. s. w. gefunden worden. Eine Grube im Fussboden, jetzt wieder zugeschüttet, mag zum Auffangen des Blutes der Opferthiere gedient haben. Auch von einer Sonnenuhr, deren Reste früher noch sichtbar waren, findet sich keine Spur mehr. Ein weisser Marmoraltar ist nach der Angabe Hadrawas, der selber hier Tastungen veranstaltete, in das British-Museum gekommen.

In der Umgegend der Grotte, namentlich an dem schwer zugänglichen terrassenförmigen Abhange oberhalb derselben, finden sich Mengen von Bauschutt, auch von Thongefässen, die aus früher hier aufgedeckten Grabstätten herzurühren scheinen. Berühmt ist eine poetische griechische Grabinschrift auf einer Marmortafel, welche durch M. Egizio in den Besitz der Bibliothek der Philippiner-Patres in Neapel kam. Sie lautet in der Uebersetzung:

»Die ihr die stygische Tiefe bewohnt, gewaltge Dämonen,
  Nehmt in den Hades auch mich, den Unglücklichsten, auf.
Hingerafft nicht durch der Moiren Spruch, nein, durch ein gewaltsam
  Und urplötzliches End', Sendung frevelnden Grimms,
Jüngst noch in Ehren und Gunst bei meinem Herrscher befindlich,
  Bin ich, der Hoffnungsstern meiner Erzeuger, dahin!
Nicht zum dritten der Lustra gelangt und nicht zu dem vierten,
  Schaue ich Armer nun nimmer das glänzende Licht.
Hypatos heiss' ich; ich flehe nunmehr die unglücklichen Eltern
  Und auch den Bruder an, nicht mehr zu weinen um mich.«

---

Capitel VII.

# Die Höhen von S. Michele und Castiglione mit ihren Palast-Ruinen.

Ein guter Kletterer kann von der Mithrasgrotte und dem Arco Naturale mit Hilfe der Oliven-Terrassen an der steilen Südwand des Tuoro Piccolo hinaufsteigen, wobei jeder Blick nach rückwärts ihm das fast senkrecht unter ihm liegende Meer azurner und durchsichtiger erscheinen lässt, und kann so nordostwärts über die Hochebene direct nach der Villa Jovis gelangen. Wer auf bequemere Weise nach der Höhlenbesichtigung eine andere weitschauende, zugleich durch antike Reste ausgezeichnete Höhe zu erreichen strebt, kann auf dem ebenen Fusspfade bis zum Zusammentreffen desselben mit dem von der Jupiter-Villa kommenden Hauptwege zurückgehen, wo sich nordwärts der kegelförmige, oben abgeplattete Monte S. Michele erhebt, dessen Nordfuss in den Fluthen des Golfes steht.

Die Pflanzungen, welche in Terrassen den Berg bis zum Gipfel bedecken, bilden eine Privatdomäne des Fürsten Caracciolo. Die besondere Erlaubniss desselben ist zur Besichtigung der antiken Reste erforderlich, wird aber sehr bereitwillig ertheilt, während ohne sie — ein hierzulande seltener Fall — auch ein Griff in die Tasche unwirksam bleibt.

Die Bewirthschaftung des Grundstücks und die Bewachung der Ruinen ist einem Verwandten des Fürsten anvertraut, der gleich manchem anderen »Signore« oder »Artista« ein Mädchen aus dem Volke geheiratet hat.

Als ich in früher Morgenstunde durch die immer offene Pforte in der Gartenmauer eintrat, fand ich in einem Kelterraum einen jungen Burschen damit beschäftigt, die primitiven Vorrichtungen zum Pressen der Trauben und Oliven in Stand zu setzen. Die schwarzbraun gefärbten Hände und die schweisstriefende Stirn an einem Schurzfell abwischend, eröffnete er mir, dass ihm die Prüfung der »permessi« zustehe; doch gab er sich mit der Versicherung, dass ich eine mündliche Erlaubniss erhalten habe, zufrieden. Er war ein Schwager des Fürsten. Weiter oberhalb sass auf der Schwelle des einstöckigen weissgetünchten Bauernhäuschens, dessen Thür eine Weinlaube beschattet, ein nachlässig gekleidetes runzliges Weib, dessen braune knochige Hände und scharfe Züge auffällig gegen das hellfarbige runde Gesicht eines feisten blonden Knaben abstachen, der vor ihr kauerte und den Kopf in ihren Schoss gelegt hatte. Aus der Erscheinung und Beschäftigung der Beiden würde man schwerlich errathen haben, dass man die Schwiegermutter eines Principe und ihren Enkel vor sich habe.

Die Alte würde sich in der jedem Neapel-Reisenden zu Gesicht gekommenen achtsamen Durchsuchung des jugendlichen Haarwuchses nicht haben stören lassen, wenn ich nicht begehrt hätte, in die Stalaktitengrotte geführt zu werden. Dienstfertig sprang der Knabe in das Haus, kehrte mit mehreren Stearinkerzen zurück und geleitete mich in die nahe Höhle, die man mittelst mehrerer Treppen und Stege bequem in Augenschein nehmen kann.

Die Grotte ist sehr geräumig und besteht aus mehreren Abtheilungen, welche durch Treppchen und Brücken mit einander verbunden sind. Sie ist voll von merkwürdigen Stalaktiten-Bildungen, Obwohl etwa 150 Meter über dem Meere gelegen, soll sie mit demselben in Verbindung stehen.

Der Zwölfjährige wurde bald gesprächig. Er hatte einen englischen Namen, und ich erfuhr, dass seine Mutter, gleich der ›Principessa‹ eine Tochter der braunen Alten, gleichfalls einen ›Signore‹, und zwar einen Briten, der aber verstorben, geheiratet hatte. Der Sohn, der wenige englische Brocken radebrechte, war auf dem Wege, in den Stand der Grossmutter zurückzukehren, bewies auch der angebotenen buona mano keine grössere Zurückhaltung als andere Söhne und Töchter des Landes.

Sehr ausgedehnte und wohlerhaltene Reste von Gebäuden beweisen, dass auf diesem Hügel eine andere der tiberianischen Villen gelegen war, welche an Grossartigkeit und an Schönheit der Lage der Villa Jovis nicht viel nachgeben mochte. Von der antiken Strasse, die an dem ziemlich stark geneigten Abhange des Kegelberges von der Stadt her in einer Spirale und im Zickzack nach dem Gipfel führte, ist jetzt nur der oberste Theil auf ein paar Hundert Schritt Länge erhalten, an der gleichmässigen Breite und Steigung, sowie der künstlichen Abschroffung des Felsens deutlich zu erkennen. Dieser noch jetzt benutzte Theil beginnt an der Südseite bei einem gewölbten antiken Raume mit mächtigem Tonnengewölbe, der auf der südlichen Schmalseite offen, im Norden mit einem zweiten gewölbten Saal von bedeutenderen Dimensionen in Verbindung steht.

Der ursprüngliche Fussboden beider ist durch Schutt und
Erde um mehrere Fuss erhöht. Die Mauern und Gewölbe
sind vortrefflich erhalten. Die eleganten, flachen, dunkel-
rothen Ziegellagen haben sich nirgends um Haarbreite ver-
schoben; dem steinharten Mörtel hat weder die Zeit noch
die Atmosphäre etwas anzuhaben vermocht. Die Landleute
selber, die ihre schwere Mühe haben, wenn sie behufs der
Cultivirung oder Einebnung einen antiken Mauerrest zerstören
wollen, weisen mit Stolz und Bewunderung auf die Festigkeit dieser für tausendjährige Dauer berechneten Bauwerke.

Der grosse Saal ist 25·39 Meter lang, 4·23 Meter
breit und 5·29 Meter hoch; das massive Fundament ist
2·64 Meter tief. Beide Räume, früher in ihrer Form deut-
licher zu erkennen, sind jetzt durch Einbauten und Restaurationen — sie dienen als Ställe, Vorrathsräume und zu
anderen Wirthschaftszwecken — entstellt. Eine jetzt ver-
mauerte Oeffnung in der nördlichen Längswand ist die
Mündung eines durch Schutt versperrten Ganges, der in
der Richtung nach dem Meere abwärts führt; ob er eine
Communication mit dem Ufer bildete, ist nicht zu ent-
scheiden.

Man hat angenommen, dass eine Anzahl gewölbter
Ziegelkammern, durch übermannshohe Bogenöffnungen mit-
einander in Verbindung stehend, als Unterbau für die auf
den Gipfel führende Strasse gedient haben. Dies wird
dadurch ausgeschlossen, dass die ganze Reihe dieser Kammern, ohne anzusteigen, in stets gleicher Höhe sich am
Berge hinzieht. Man zählt ihrer auf der Südostseite,
unmittelbar neben den obigen Gewölben beginnend, 21, die
in einer Bogenlinie nebeneinander liegen. Alle haben über-
einstimmende Dimensionen, nämlich circa 4$^1/_2$ Meter auf
jeder Seite und äusserst starke Frontmauern, deren Dicke
an einzelnen Stellen fast 2$^1/_2$ Meter beträgt. Ueberhaupt ist
die Construction der Kammern eine äusserst solide. Der
harte unbemalte Stuck, mit dem sie bekleidet sind, die allen
römischen Wasserbehältern eigenen Stuckwülste — lacerti
— in den Ecken und die viereckigen Deckenöffnungen, mit
denen mehrere der Gewölbe versehen sind (dieselben sind
antik im Gegensatz zu den erst bei den Nachgrabungen

durchgebrochenen Oeffnungen in den Fronten), lassen keinen
Zweifel daran bestehen, dass die Kammern als Cisternen
dienten. Allerdings war dies nicht ihre einzige und Hauptbestimmung. Sie dienten vielmehr in der That auch als
Unterbau für eine Strasse, aber für eine solche, die horizontal
am Bergabhange hinlief. Ob sie denselben ringförmig umzogen habe, ist nicht auszumachen, da ausser den 21 Gewölben auf der Südseite nur noch ihrer 27 auf der ent-
gegengesetzten Seite zu erkennen sind, alles übrige von
Erdreich bedeckt ist. Auch oberhalb der erhaltenen Kammern
sind seit kurzem Weinpflanzungen angelegt. Die Arbeiter,
welche die Erde für dieselben heraufgeschafft und die Reben
gepflanzt haben, versicherten übereinstimmend, dass über
den Wölbungen der Kammern eine fortlaufende ebene
Pflasterung von der bei allen tiberianischen Bauten ange-
wendeten Bruchstein-Gussmasse vorhanden gewesen sei, die
man nicht ohne grosse Mühe zum Theil zerstört habe, um
Steine für die Terrassenmauer zu gewinnen. ›Es ist nicht zu
glauben, wie steinhart das alte Mauerwerk ist,‹ sagte einer;
›die Arme fallen einem herab, ehe man einen Stein los-
kriegt.‹

Mochte sich dieser Umgang um den ganzen oder den
halben Berg herumziehen, so bot er eine Promenade dar,
mit der sich vielleicht keine andere in Capri an Bequemlichkeit sowie an Schönheit und Wechsel der Aussicht
messen konnte; denn man beherrscht von hier aus nicht
blos sämmtliche Hügel und Thäler der östlichen Inselhälfte,
sondern auch das nördliche und südliche Meer, den ganzen
Uferkreis des Golfes von Neapel, die malerische, lachende
Stadt Capri, deren helle Häuschen in buntem Durcheinander
sich auf die Schultern gestiegen zu sein scheinen, um am
Südwestfusse des Monte S. Michele wie an dem gegenüberliegenden Castiglione in die Höhe zu klettern, ein Beginnen,
das sie nach kurzem Anlaufe wegen der Abschüssigkeit der
nackten Felswand haben aufgeben müssen. Wohin man
blickt, schauen helle Häuschen aus dem dichten Grün oder
lacht das blaue Reich des Poseidon dem Auge entgegen.
Westwärts zieht sich vom Fusse des S. Michele der schmale
weisse Strand der Marina Grande mit der Reihe flacher

Häuser, den auf den Kieseln trocknenden Netzen, den dunklen Fischerbooten und dem lebhaften Treiben der Strandbevölkerung hin.

Ausser dem gegen sechs Meter breiten Wege oberhalb der sogenannten »camerelle« existirte ein zweiter concentrischer Umgang von der gleichen Breite, der durch eine senkrechte im Bogen laufende Futtermauer von circa $1\frac{1}{2}$ Meter Höhe von jenem getrennt war und — um ebenso viel höher — in derselben Weise um den Berg lief. Derselbe hat auf beträchtliche Strecken durch Absprengung des Felsens hergestellt werden müssen. Auf der Nordseite ist mehrere hundert Schritte weit sowohl der künstlich geebnete Felsboden, wie die senkrecht behauene Bergwand zu sehen, die überall die Meisselspuren aufweist.

Erst kürzlich hat der Fürst Caracciolo, der viel Mühe und Kosten auf die Terrassirung und Neubepflanzung des Berges verwendet, aber dadurch freilich manchen antiken Rest unkenntlich und unsichtbar macht, eine Reihe der nördlichen »camerelle« ausgegraben und mehrere derselben ihrer antiken Bestimmung als Wasserreservoirs zurückgegeben. In der Construction — dem opus incertum der äusserst starken Front und der Futterwände, den soliden Ziegeln der fast einen Meter dicken Zwischenmauern — mit den südlichen Kammern völlig übereinstimmend, weichen sie in den Dimensionen einigermassen ab. Einige, die ich mass, sind vier Meter tief, gegen drei Meter breit und haben 2·60 Meter hohe Verbindungsöffnungen. In mehreren hat man den Boden mit feinem schwarzem Sande vulkanischen Ursprungs, der sich auf Capri nicht findet, bedeckt gefunden.

Der tausendjährige Schutt und das Erdreich, die auf diesen Gewölben lasten, bewahren Feuchtigkeit in Menge. Es ist daher auch im Hochsommer in den hoch am Berge liegenden Kammern kühl wie in einem Felsenkeller. Während man beim Aufstieg an der Südseite die unter den schattenarmen Oelbäumen und niederen Weinstöcken von Terrasse zu Terrasse führenden Steintreppen mit Schweisstropfen netzt, kann man am Nordabhang am Fusse von Ruinen sitzen, welche nie ein Strahl der Sonne berührt. Eine Vegetation von erstaunlicher Ueppigkeit und Frische bedeckt jeden Zoll der alten Gewölbe; Epheu, Brombeere, Kapern, Farren, Wolfsmilch, Fenchel, Feigensprösslinge und hundert Arten von Ranken und Gräsern, Moosen und Flechten umschlingen, bekränzen, verhüllen das Gestein und verwandeln die Ruinen in einen sozusagen integrirenden Bestandtheil der Oertlichkeit, der durch seine harmonische Uebereinstimmung mit der Umgebung und ihrem Charakter unsere Phantasie ungleich zwangloser, überzeugender und schneller in die alte Zeit zurückführt, als es viele Monumente vermögen, welche eine archäologische Commission durch sauberen Abputz, Restaurirungen und eiserne Klammern, Einzäunung und Fernhaltung jedes Gräschens zu nackten Bestandtheilen eines Antiquitäten-Museums macht — wie es leider den meisten Ruinen Roms ergangen ist.

Oberhalb des mehrfach genannten grossen Gewölbes, das eine Art Propyläon der Villa gebildet zu haben scheint, beginnt ein durch die Felsabschroffung kenntlicher antiker Weg, der im spitzen Winkel und in sanfter Steigung zum Gipfel des Berges hinaufführt.

Wie an mehreren anderen dominirenden Punkten der Insel ist auf dieser Höhe während der englisch-französischen Kämpfe im Beginne dieses Jahrhunderts eine Befestigung angelegt worden, wobei ein grosser Theil der noch wohlerhaltenen Ruinen zerstört wurde. Doch ist die Gestalt und Ausdehnung des Hauptgebäudes, welches den Gipfel krönte, noch zu erkennen. Durch starke Substructionsmauern hatte man eine Plattform von ungefähr 74 Meter Länge und 32 Meter Breite — genau entsprechend 250 × 110 römischen Fuss — hergestellt, auf der sich weithin sichtbar das Prachtgebäude erhob. Auf der Nordseite, die nach dem Golf von Bajae und Puteoli schaut, ist die äussere Futtermauer grösstentheils erhalten. Sie besteht aus felsenfester Bruchsteingussmasse mit wenigen Ziegeln. Eine Weinpflanzung bedeckt jetzt das ganze Plateau. Ein drei Schritte breiter Gang in der Mitte lässt den Estrich sehen, mit welchem der ganze Fussboden bedeckt war. Derselbe ruhte auf mehreren — muthmasslich fünf oder sechs — parallelen Gewölben von circa 2½ Meter Höhe. In das nördlichste kann man durch eine antike Oeffnung in der Decke hinabsteigen. Es

hat nahezu die Länge des Plateaus, besteht aus Bruchsteinen ohne Bewurf und steht durch eine Oeffnung mit
Ziegelwänden, die sich $3^1/_2$ Meter vom östlichen Ende befindet, mit dem anstossenden Gewölbe in Verbindung. Eine
Anzahl ungefähr mannshoch über dem Boden befindlicher
mit Ziegelplatten ausgekleideter viereckiger Löcher in der
nördlichen Aussenwand gab dem Souterrain Luft und Licht.

Ohne Zweifel dienten auch diese Gewölbe als Wasserreservoirs. Das zweite — von Norden gerechnet — hat in
seiner Decke am Ostende eine Oeffnung, die zum Heraufziehen des Wassers bestimmt war. Ein neben ihr befindlicher Steinblock mit einer Höhlung war jedenfalls Träger
einer Vorrichtung für Kette und Schöpfeimer.

Von der dritten Cisterne ist der östlichste Theil ab-
getrennt und wahrscheinlich als Bad benützt worden. Er ist
mit grauem Stuck bekleidet und hat Oeffnungen für den
Zu- und Abfluss des Wassers.

Ebenfalls am Ostende des Plateaus, dessen Längs-
achse von ONO nach WSW gerichtet ist, liegen noch einige
kleine antike Zimmer aus opus incertum und Ziegeln, von
denen eins früher zu einer Kapelle für den Heros Eponymos
des Berges, den Erzengel Michael, hergerichtet war. Jetzt
ist alles ruinenhaft, nackt und verwahrlost.

Ursprünglich aber muss diese einsame Höhe zu den
Glanzpunkten Capris gehört haben. Unwiderstehlich wird
man, wenn das Auge vergebens zwischen dem dichten Gestrüpp auf Felsen und Ruinen, unter den Reben und Oliven,
in dem trümmerbesäten schwarzen Fruchtboden, in den aus
altem Baumaterial aufgehäuften Terrassenmauern nach Spuren
der alten Herrlichkeit sucht, im Geiste zurückgeführt in
jenes Jahrhundert, in dem ein schimmernder Palast die Höhe
einnahm, wohlbewässerte duftige Gärten seinen Fuss um-
ringten, eine herrliche Promenadenstrasse, vielleicht mit
einer säulengetragenen Halle bedeckt, den Berg umzog und
auf einer bequemen, gut gehaltenen Strasse in bunten,
glänzenden Aufzügen fürstliche Personen, höfisches Gefolge,
Gesandte und hohe Beamte, Kriegertrupps und Lustproces-
sionen auf und ab wallten.

Ein grosser Theil des Reizes, welchen die Betrachtung
der antiken Ueberreste in Capri gewährt, beruht auf der
Wahrnehmung, dass hier in einer in der Geschichte gewiss
seltenen Weise sich die höchste Pracht und Kunst mit der
herrlichsten Natur, die schrankenloseste Sinnenbefriedigung
und Raffinirtheit des Lebensgenusses mit den alle Sinne
gefangen nehmenden, allen Wünschen zuvorkommenden
Reizen der Oertlichkeit vermählt hatte. Eine der bestrickend-
sten Oertlichkeiten des römischen Reiches war mehr als
ein Jahrzehnt lang der Schauplatz von Aeusserungen gross-
artigster Macht, Unumschränktheit, Prachtliebe, Lebensver-
feinerung, Uebercultur, wie sie dem römischen Kaiserthum
auf dem Gipfel seiner Selbstvergötterung eigen waren. Man
begreift den Charakter jenes Imperatorenthums und die Seele
jener unersättlichen Cäsaren immer besser, wenn man sieht,
welches herrlichen Naturrahmens sie für ihre Prachtresidenzen
bedurften und durch welche Entfaltung von Glanz und
Luxus sie die wunderbarste Natur zu überbieten suchten.
Allen natürlichen Zauber finden wir in Capri noch heute.
Die Bautenpracht ist dahin. Aber auch ihre trümmerhaften
Reste geben dem Orte noch einen eigenen Reiz.

Ohne regelrechte Nachgrabungen ist zu verschiedenen
Zeiten auf dem Monte S. Michele mancher werthvolle Fund
gemacht worden. Statuen-Torsen, Marmorsäulen und Säulenfragmente, zahlreiche Bruchstücke von Tafeln kostbaren
fremden Marmors haben sich neben Glas- und Thongefässen,
Lampen und anderem Geräth gefunden.

Man kann das östliche 150 bis 300 Meter über Meer
sich erhebende Drittheil der Insel mit einem natürlichen
Fort von etwas verschobener Rautenform vergleichen, dessen
vier Ecken durch die Berge von S. Maria del Soccorso,
S. Michele, Tuoro Grande und Castiglione wie durch Ba-
stionen gesichert sind, von denen die letzteren drei fast genau
gleiche Höhe, nämlich etwa 250 Meter, erreichen. Alle vier
stehen mit steilem Fuss im Meere und sind vom Meere
aus nicht zu ersteigen. Ebenso fallen die Nord-, Ost- und
Südflanke des Festungsvierecks schroff und aufs leichteste
zu vertheidigen in das Meer ab, und endlich zeigen sogar
die Westseiten der nordwestlichen und der südwestlichen

CAPRI. Nördlicher Stadtt

eil mit Monte S. Michele.

Bastion, das heisst des S. Michele und des Castiglione, einen
senkrechten Abfall, von dessen oberem Rande einerseits die
Grosse, andrerseits die Kleine Marina, also beide Landungs-
plätze der Insel sammt den von ihnen zur Stadt sich hinaufziehenden Thälern beherrscht werden. Es ergiebt sich hieraus, dass blos die zwischen S. Michele und Castiglione
befindliche kurze und ohnehin hoch über das Thal der
Grossen Marina sich erhebende Westseite des Vierecks auf
einer Strecke von wenigen hundert Metern einer künstlichen
Sicherung bedurfte und dass die Bevölkerung von Capri, als
die mittelalterlichen Kriegsgefahren, namentlich die Saracenen-
Ueberfälle, zum Verlassen der nahe am nördlichen Ufer erbauten antiken Stadt zwangen, keinen besseren Platz finden
konnte, als auf dem Sattelrande zwischen jenen beiden nahe
aneinandertretenden Bergen. Eine künstliche Befestigung des
allein angreifbaren Westrandes fanden die Umsiedler schon
vor. Sie bestand südwärts vom S. Michele aus einer noch
aus der Griechenzeit herrührenden »cyklopischen« Mauer aus
viereckigen grossen Kalksteinblöcken, nordwärts vom Castiglione aus der Abschroffung des Felsens und römischem
Mauerwerk. Ein Stück der Quadermauer sieht man noch
in den Façade-Fundamenten der die Westgrenze der Stadt
bildenden Häuser nordwärts vom Stadtthor und dem kleinen
öffentlichen Terrassen-Garten. Reste der römischen Construction sind am Abhange neben der Fahrstrasse, oberhalb
dessen die überwölbte Strasse zum Castiglione aufsteigt, zu
sehen. Offenbar besassen hier schon die altgriechischen Bewohner Capris eine Befestigungsanlage, eine Akropolis, als
Zufluchts- und Bergungsort in Kriegsläuften. Tiberius hatte
ein Interesse daran, sie zu erhalten oder wiederherzustellen;
denn sie gewährte ihm die so ängstlich begehrte Sicherheit
gegen jede Ueberraschung, und er brauchte nur eine Anzahl
Prätorianer hier zu postiren, um jede unliebsame Annäherung
an eine der fünf oder sechs Villen im Osten unmöglich zu
machen.

Im Schutze dieser Befestigung hatten Griechen und
Römer ihre Todten begraben. Auf der Höhe des Sattels
zwischen dem Thale der Grossen und dem der Kleinen
Marina, unmittelbar am Fusse des Castiglione, wurden kurz

vor 1834 in einer Tiefe von 2½ Meter und in langer
Reihe von Osten nach Westen liegend, mehrere Hundert
Ziegelgräber gefunden, darin Skelette mit je einer Bronze-
münze der Kaiserzeit im Munde und einem Thongefäss zu
Füssen. In der Nähe sind oft Thonlampen, kaiserliche Münzen,
Marmorfragmente u. a. zum Vorschein gekommen. In geringer Entfernung von den römischen Ziegelgräbern fanden
sich einige griechisch-italische gemalte Vasen von sehr feinem
Thon mit glänzendem schwarzem Firniss, zum Theil schön
bemalt. Aus derselben Gegend stammt eine von einem
Gnaeus, Sohne des Megakles, dem Publius Paestanus ge-
widmete Grabschrift in griechischer Sprache. Der Marmor-
block, auf dem sie eingehauen war, hat lange die Schwelle
des südlichen Eingangs zum Palazzo Canale gebildet, und
alle Bewohner und vornehmen Gäste desselben sind ein
Jahrhundert lang über ihn hinweggeschritten. Schon 1794
hat der Graf della Torre Rezzonico sich darüber geärgert,
dass die Inschrift immer mehr verscheuert wurde.

Meine Füsse haben keinen Antheil an dem antiquarischen Sacrileg genommen; denn seit etwa 1878 ist eine
Lavaschwelle an Stelle des Grabsteins eingefügt, der sich
jetzt im Besitze eines seit langer Zeit hier wohnhaften Eng-
länders, des ehemaligen »Times«-Correspondenten Ryfford,
befindet.

Auf dem Terrain der Nekropolis befand sich früher
in hübscher Lage neben der Fahrstrasse eine kleine Wirthschaft, genannt »Bouteillerie des deux golfes« und »Café
turc.« Es heisst, dass der Besitzer bei wiederholten Nachgrabungen werthvolle Funde gemacht und sich bereichert
habe, so dass er sein Geschäft aufgab. Auf eine Anfrage gab
er ausweichende Antwort und behauptete, die Fundgegen-
stände nach und nach verschenkt zu haben.

Es ist aus dem Vorhergegangenen ersichtlich, dass auch
der Monte Castiglione, der sich hart am Südufer ostwärts
von der Kleinen Marina 250 Meter hoch erhebt, einen vor-
züglichen Aussichtspunkt über die Osthälfte der Insel bis
zu der doppelt so hohen grandiosen Querwand des Monte
Solaro und über beide Meere darbietet. Man ersteigt ihn
auf einem anfangs durch die Häuser überwölbten und ver-

dunkelten Wege, der oberhalb der Freitreppe am Markte von Capri beginnt und hart am Westrande des Berges, von dessen Fusse die Fahrstrasse nach Anacapri ausläuft, mittelst Windungen und Stufen zu den südwestlichen Häusern der Stadt hinaufklettert. Hat man diese hinter sich, so kann man entweder dem horizontal am Nordabhange des Castiglione sich hinziehenden Terrassenwege folgen, der links den Blick auf die tiefer liegenden Stadttheile und die fruchtbare südliche Thalebene mit ihren zerstreuten Villen, dem imposanten Karthäuserkloster und den umkränzenden Bergen gestattet und in einer runden Plattform senkrecht über der schön geformten felsenumgürteten Südküste endet; oder man tritt durch eine hölzerne Gitterthür in das Gartengrundstück, durch welches ein Fusspfad in kurzem auf den Gipfel leitet.

Den Gipfel krönt jetzt ein verfallenes malerisches Castell, sammt der trümmerhaften Ringmauer, welche das Hügelplateau in weitem Umkreise über dem Rande der Felswand im Westen und Norden umzieht, vor Jahrhunderten gegen die Saracenen errichtet, im Beginne unseres Jahrhunderts mit einer Kapelle und Einsiedelei versehen, endlich 1808 durch die Franzosen als Pulvermagazin und zu Vertheidigungszwecken benützt, nunmehr den Krähen, Falken und Eulen überlassen, die kreischend sich über das Meer hinausschwingen, wenn Jemand die Trümmer erklettert, um einen Blick in die furchtbare und doch so bezaubernde Tiefe zu werfen.

Auch dieses Berges Gipfel und Hänge waren zu Tiberius' Zeit mit Prachtbauten bedeckt, deren Reste an verschiedenen Stellen erhalten sind. Nur wenige Schritte jenseits der oben erwähnten Gitterthür, das heisst an der nordöstlichen Abdachung, zeigen sich starke Substructionen aus opus incertum und Reste von mehreren Zimmern. Weiter oberhalb führt der Pfad durch den Rest eines Corridors zwischen zwei Gemächern. Dann folgen zur Rechten in einer Linie zwei zum Theil in den Felsgrund gehauene Wasserbehälter, je circa sieben Meter lang und zwei Meter breit, mit starkbekleideten Ziegelwänden guter Construction. Die Anlage ist mit der gewöhnlichen Nichtachtung der technischen und Terrain-Schwierigkeiten ausgeführt. Der Boden ist hartes Gestein voller Unebenheiten und Blöcke. Man hat theils mit dem Meissel Raum geschafft, theils zwischen und auf die Felsvorsprünge gebaut.

Es haben an dieser Stelle die ersten systematischen und durch wissenschaftliches Interesse veranlassten Ausgrabungen auf Capri stattgefunden. Sie sind sowohl wegen ihres Herganges und ihrer Resultate, als wegen der Person des Unternehmers, des Oesterreichers Hadrawa, interessant genug, um einen Rückblick auf sie zu rechtfertigen. Die Tastungen, welche einige Jahre früher, um 1775, durch den Italiener Dr. Giraldi ausgeführt waren, verdienen nicht den Namen von Ausgrabungen, wenngleich der Genannte eine grosse Menge von Sculpturen und anderen Alterthümern, die von den Landleuten gefunden waren, an sich brachte und mit fort nahm.

Hadrawa war Mitglied der österreichischen Gesandtschaft am Hofe von Neapel und begleitete wiederholt den König Ferdinand IV., wenn derselbe sich auf die Wachteljagd nach Capri begab. Im Jahre 1786 brach der Hof zu diesem Sport, wegen dessen die Insel damals berühmt war, nach Hadrawas Beschreibung »mit einer Brigantine, zwei kleinen Galeeren und einer Yacht nebst Fischerbarken u. a.« auf. Die Inselbewohner bereiteten ihm am Strande einen lärmenden und enthusiastischen Empfang, bei dem es zu einer merkwürdigen Scene kam. Als der Inselgouverneur sich anschickte den Landesvater durch eine wohleinstudierte Rede zu begrüssen, wurde er durch das Geschrei der versammelten Menge, namentlich der Weiber, unterbrochen, die ihn beiseite und sich dicht vor den König drängten, worauf sie Brote hervorzogen und vor dem Angesichte des Monarchen zerbrachen, um ihn von der schlechten Qualität derselben zu überzeugen und um Befreiung von dem »Ungeheuer« zu bitten. Während seines zwölftägigen Aufenthalts hörte Ferdinand regelmässige Vorträge des Gouverneurs an, dem er keinerlei Vorwürfe machte. Dagegen informirte er sich sehr genau über dessen Verwaltung, und als am Tage der Abreise der schlechte Beamte erschien, um Abschied zu nehmen, liess er ihn verhaften und nach Neapel ins Gefängniss führen.

Hadrawa, der nicht unterlässt, bei dieser Gelegenheit die Leutseligkeit und Gerechtigkeit Ferdinands IV. aufs lauteste zu preisen, betheiligte sich nicht an dem Jagdvergnügen. Während die königliche Jagdgesellschaft unter den Vögeln, namentlich an der Kleinen Marina, wo sie nach dem nächtlichen Fluge übers Meer ermüdet zwischen die Felsen und Gebüsche fielen, Verheerungen anrichtete, wanderte er durch die Insel, um Beobachtungen aller Art zu machen. Beim Besteigen des Monte Castiglione wurde er eines Tages durch die Bauern auf eine eigenthümliche Erscheinung aufmerksam gemacht. Ein alter grosser Feigenbaum war durch den Wind entwurzelt worden. In der Bodenöffnung, die dadurch entstanden war, bemerkte man einen Theil eines gewölbten und bemalten Zimmers. Sogleich entschloss sich der Anticaglien-Liebhaber, eine Ausgrabung zu veranstalten, worin der König willigte. Es zeigte sich, dass eine Reihe antiker Zimmer vorhanden war. Doch waren sie mit Erde angefüllt, so dass die Arbeit bald wieder aufgegeben wurde. Sie wurde systematisch wieder begonnen, als Hadrawa im folgenden Jahre den König abermals nach der Insel begleitete. Es wurden Arbeiter aufgenommen und mit ihnen, wie mit den Besitzern des Bodens, ein Contract abgeschlossen. Jeder Gräber (zappatore) erhielt pro Tag 28 grana, d. i. nach heutiger Münze 1 Frcs. 19 Cent., die Träger die Hälfte, dazu zwei Mahlzeiten, was sich im Ganzen auf weitere 12 carlini, d. i. 5 Frcs. 10 Cent., belief. Diese Preise sind im Laufe von hundert Jahren nur unbedeutend gestiegen. Auch heute zahlt man den Arbeitern in den Ausgrabungen nur 2—2$\frac{1}{2}$ Frcs. nebst einer Mahlzeit oder einer Flasche Wein.

Die Unternehmung führte zur Entdeckung noch mehrerer Zimmer, die auf dem östlichen Theile des Plateaus im Norden des Castiglione-Kegels lagen und zum Theil Ziegel- und kostbare Marmorfussböden besassen. In einer Tiefe von 2$\frac{1}{2}$ Meter kam eines Tages ein Marmorgegenstand mit Figuren von beträchtlicher Grösse zum Vorschein. Hadrawa, der zugegen war, schildert sehr ergötzlich die Scene, welche sich nun abspielte. Sämmtliche Arbeiter liessen die Werkzeuge stehen und liegen und versammelten sich um die

Grube. Es zeigte sich, dass man eine Marmorvase von zwei
Centner Gewicht gefunden hatte. Als sie herausgehoben
war, warf einer der Arbeiter sich über sie, beide Arme
herumschlingend, während die anderen auf die Kniee fielen
und die Weiber in grösster Aufregung einmal über das
andere riefen: »Un tesoro, un tesoro!« (»Ein Schatz, ein
Schatz!«) Derjenige, welcher zuerst darauf gestossen war,
zog ein Messer hervor, um das Gefäss mit Gewalt zu öffnen,
und Hadrawa hatte nicht geringe Mühe, den Schatzdurstigen
begreiflich zu machen, dass das Ganze aus einem Stück
und nicht hohl sei. Einen Schatz hatte man allerdings gefunden und zwar das berühmte Gefäss in Amphorenform,
welches, mit einer Opferdarstellung in Relief geschmückt,
später in Neapel restaurirt und an den Engländer Styvens
verkauft ward, unter dessen Namen es allgemein bekannt
geworden ist.

Im dritten Jahre hätte Hadrawa beinahe das Leben
verloren, indem die Arbeiter in ihrer Sucht, einen Schatz zu
finden, die nöthige Vorsicht ausser Acht liessen und den
Einsturz einer Erdwand verursachten, auf deren Rande der
Gesandtschaftsrath stand. Nur durch Zufall entging er dem
Verschüttetwerden, worüber die Freude der Leute gross war.
»Denn,« sagten sie in Kenntniss der unter der Bevölkerung
herrschenden Anschauungen, »man würde sicher geglaubt
haben, dass wir euch umgebracht hätten.«

Die Briefe, in denen der Alterthums- und Kunstfreund
einem Freunde in Wien über seine Ausgrabungen berichtet
und die 1794 in Dresden in italienischer Sprache veröffentlicht worden sind, enthalten vielerlei scharfe Beobachtungen
auch über die Natur der Insel, die Erzeugnisse derselben,
die Sitten und den Charakter der Bevölkerung u. s. w.

Zufrieden und guter Dinge waren Alle, so lange sie
vor den Maccheroni-Schüsseln sassen. Einmal besuchte der
König die Ausgrabungen, während die Arbeiter und Arbeite-
rinnen im Freien bei der Mahlzeit waren. Sie begrüssten ihn
mit begeisterten Evvivas, kehrten aber schleunig wieder zu
den eben aufgetragenen dampfenden Maccheroni-Haufen zurück,
die sie mit wunderbarer Schnelligkeit vertilgten, indem sie
mit den Fingerspitzen der Rechten die langen Nudeln aus

der Schüssel nahmen, sie hoch über den zurückgebeugten Kopf hoben und so in den geöffneten Mund beförderten. Nachdem zwanzig rotoli der hochbegehrten Speise, die noch jetzt das Manna des neapolitanischen Volkes ist, verschwunden waren, wurde dem Monarchen. zu Ehren eine tarantella getanzt, wobei ein 80jähriger Alter den Anfang machte.

In den Hadrawa'schen Ausgrabungen auf dem Plateau des Castiglione kamen ausser den schon genannten noch mancherlei interessante Gegenstände zum Vorschein. In mehreren Zimmern waren sowohl die Fussböden wie der Stuck der Wände mit den Malereien vorzüglich erhalten, die Farben noch von wunderbarer Frische. Centnerweise wurde der bunte Fussboden-Marmor weggeschaft. Das wohlerhaltene, aus giallo antico, rosso antico und turchino venato bestehende Marmorparquet eines 6·35 Meter langen und 4·76 Meter breiten Zimmers mit kunstvollen geometrischen Mustern kam zuerst in das königliche Lustschloss La Favorita zu Portici, später in den Palast von Capodimonte bei Neapel. Ein Basrelief-Fragment mit Opferdarstellung und dem Bilde des Tiberius kam in den Besitz des ausserordentlichen österreichischen Gesandten, Fürsten von Schwarzenberg, die Marmorköpfe eines lachenden und eines weinenden Knaben in den des deutschen Bildhauers Trippel in Rom. Ein schöner Cameo wurde der Kaiserin von Russland, ein anderer dem Freunde Goethes, Tischbein, mehrere Lampen, bearbeitete Marmorstücke, Ziegel mit Stempeln dem englischen Gesandten, Lord Hamilton, geschenkt; vieles Andere, namentlich Stuckmalereien, wurde an Fremde verkauft. Die Auffindung einer Wasserleitung aus Ziegeln von der Höhe eines Mannes, einer grossen Menge von bleiernen Wasserröhren und einer Heizvorrichtung bewies, dass die betreffende Zimmergruppe ein elegantes Bad gebildet habe, worauf auch die Ausschmückung mit gemalten Stuckfiguren, worunter Seeungeheuer, geflügelte Genien mit Fischschwänzen, Hippogryphen u. dgl., hindeutet.

Hadrawa war verpflichtet, die Ausgrabungen wieder zuzuschütten, was 1791 geschah, so dass man jetzt zwischen den Mauerresten dichte Nutzpflanzungen sieht. Die eigentliche Villa wurde nicht aufgedeckt. Augenscheinlich hat sie das ganze Plateau am Nordfusse des Kegels eingenommen, das jetzt von der mittelalterlichen Ringmauer eingeschlossen ist. Diese selbst steht zum Theil auf antiken Fundamenten. Mauerreste schauen an mehren Stellen aus dem Boden. Ein Schweinestall, aus dem uns ein schwarzes Ferkel entgegengrunzt, steht auf den Substructionen eines Zimmers.

In ähnlicher Weise wie auf dem Monte S. Michele ist der obere kegelförmige Theil des mit Oliven- und Rebenpflanzungen bedeckten Castiglione mit einer massiven Futtermauer umzogen, die in einer mehrere hundert Schritte langen Bogenlinie die Abdachung im Norden und Osten umfasst und, eine Terrasse bildend, sich an den südlichen und den westlichen Steilrand anschliesst. Ist man durch eine am Westende befindliche, jetzt durch eine Gitterthür geschlossene Lücke auf den Kegel gelangt, so bemerkt man zu halber Höhe desselben eine zweite etwa hundert Schritte lange, nur stückweise sichtbare Futtermauer, die eine zweite bogenförmige Terrasse auf der Nord- und Ostseite bildete. Auf eine Strecke von 25 Schritten ist die vortreffliche Netzwerk-Bekleidung dieser $^3/_4$ Meter dicken Mauer erhalten. Am Westende der Mauer ist hinter derselben eine kleine Cisterne ausgegraben, die auch jetzt als Wassertümpel dient.

Diese Bauten machen es fast zur Gewissheit, dass auch auf dem Gipfel des Berges, den jetzt das Castell einnimmt, ein Palast gestanden habe. Das Castell ist zum Theil aus antikem Material und wahrscheinlich auch auf antiken Fundamenten gebaut. Eine Strasse dürfte von dem Plateau des Castiglione durch die jetzt von der Stadt Capri eingenommene Einsattelung nach dem S. Michele, eine andere um das Thal der Certosa herum nach der Punta Tragara geführt haben. Die letztere ist fast ihrer ganzen Länge nach mit Gebäuden besetzt gewesen, wie ältere und neuere Ausgrabungen nebst vielen erhaltenen Mauerresten beweisen. Am Nordostfusse des Castiglione, wo sie beginnen musste. und zwar in den mit dem Collectivnamen »il Valentino« bezeichneten Grundstücken unterhalb der jetztigen Villa White, sind von den Landleuten wiederholt Zimmer aufgedeckt und allerlei Gegenstände gefunden worden. Bei einer von Regierungswegen angestellten Nachgrabung im Jahre 1823

fand man einen kunstvollen Marmor-Fussboden, der in das
Neapeler Museum gelangte. Ferner fanden sich viele Marmor-
Ornamente, kaiserliche Münzen und, wie es heisst, sogar
Bronzestatuetten, die heimlich verkauft wurden. Ein quadra-
tisches Postament von afrikanischem Marmor, das nach Anderen
aus der Jupiter-Villa stammt, trug die griechische Inschrift:
»Athanodoros, Sohn des Agesandros aus Rhodus, hat es
verfertigt.« Der genannte Künstler ist unzweifelhaft derselbe,
den Plinius mit seinem Vater und dem Polydoros, vermuthlich seinem Bruder, als Verfertiger der Laokoon-Gruppe
nennt. Wenn nachzuweisen wäre, was höchst wahrscheinlich ist, dass die zu der capresischen Basis gehörige
Statue mindestens seit der Zeit des Tiberius in Capri vorhanden gewesen sei, so würde schon hiedurch die in der
kunstgeschichtlichen Polemik lange Zeit hindurch erörterte
Möglichkeit ausgeschlossen sein, dass jene drei Künstler in
die Zeit des Kaisers Titus zu setzen seien und die hoch-
berühmte Gruppe in dieser späten Zeit entstanden sei.

An der schroff zum Meere abfallenden Südwand des
Monte Castiglione, gerade unter der Castellruine, befindet
sich eine ungeheure Höhle, die gleich anderen ähnlichen
Höhlen der capresischen Felsstücke nach dem Meere weit
offen und nur von der Meerseite sichtbar ist. Nach den
Worten Hadrawas, welcher mit Schaudern berichtet, dass
der in seinem Auftrage die Ausgrabungen leitende Ingenieur
Don Santo, veranlasst durch die Angabe, dass einmal ein
kühner Eindringling dort eine gewaltige Platte kostbaren
Marmors gesehen habe, unter Lebensgefahr mit einem Eingebornen die steile Felswand hinabgeklettert sei, ohne ausser
den Stalaktiten etwas zu finden, muss man annehmen, dass
die Gefahr beträchtlich übertrieben oder von dem Ingenieur
nicht der richtige Weg genommen worden sei. Zwar gilt
auch jetzt der Besuch der Höhle als eine Art Wagniss, und
man rieth mir wohlmeinend ab, als ich mich nach dem
Wege erkundigte. Aber mein barfüssiger Freund Francesco
Spadaro, der die Metiers des Fischers und Barkenführers an
der Kleinen Marina mit dem des ambulanten Fischhändlers
und des Bergführers vereinigt und eine noble Passion für
alle grossen und kleinen Wagnisse hat, lachte darüber und

war sofort bereit, ein Trinkgeld zu verdienen. Er belud sich mit einer Leiter und wir machten uns in später Nachmittags-stunde auf den Weg.

Man steigt zuerst auf einem schmalen Zickzackpfade, der am Fusse des Castiglionekegels am Südende der Plateau-Mauer beginnt, bis zu einigen bebauten Terrassen an der westlichen Berghalde hinab, umklettert dann auf Felsvorsprüngen die Südwestecke des Berges und gelangt so — im Noth-falle auch ohne Leiter — auf einen künstlich hergestellten, mit Stufen versehenen Pfad, welcher an der Westwand der Höhle bis zu deren Sohle hinabführt. Man muss sich hie und da der Hände bedienen und sich vor dem Ausgleiten hüten. Von Gefahr aber ist für einen schwindelfreien Kletterer mit gesunden Muskeln nicht die Rede; ich bin später mit meinen Knaben denselben Weg gegangen, und die unternehmende Mutter derselben kam uns, ungeduldig und besorgt geworden, ohne Begleitung und ohne Fährlich-keit nach.

Die Höhle ist viel weniger tief als hoch, immerhin geräumig genug, um mehreren Hundert Menschen Zuflucht zu gewähren. Sie hat in den Jahrhunderten der Saracenen-Ueberfälle den Capresen als letzter Zufluchtsort gedient, wenn die Burg auf dem Gipfel nicht mehr zu halten war, und sie waren hier vollständig gesichert. Der Zugang konnte durch ein paar entschlossene Männer gegen eine beliebige Anzahl vertheidigt und durch Wegnahme eines hölzernen Steges gänzlich unterbrochen werden. In der That verbarg sich die übrigens damals nur wenige hundert Seelen zählende Be-völkerung mit Habe und Vorräthen hier, als 1535 Chaireddin Barbarossa, Bundesgenosse des »allerchristlichsten« gegen den »katholischen« König, die Insel überfiel und das Städt-chen einäscherte, bei welcher Gelegenheit auch das Local-archiv, die Kirchenbücher u. s. w. zu Grunde gingen. Nur ein angeblich aus Giottos Schule herrührendes Bild in der Pfarrkirche, die Muttergottes mit dem Erzengel Michael und S. Antonius darstellend, und ein ebendaselbst in der Sacristei verwahrtes, jetzt in Silber gefasstes Holz-Crucifix sollen auf wunderbare Weise unversehrt geblieben sein.

Die Decke der Höhle trägt zahlreiche Stalaktiten. Ihr Boden, nach dem Eingange stark abfallend, ist im hinteren Theile durch eine Aufschüttung einigermassen geebnet. Nahe der Ostwand sieht man noch ein gemauertes Wachthäuschen mit Schiess-Scharte, das als Ausguck auf das Meer diente und den Zugang beherrschte.

Was ich nicht an dem kaum zugänglichen Orte zu finden erwartete, waren römische Ruinen. Ganz unförmliche, aber beträchtliche und compacte Reste von Bruchstein-Substructionen befinden sich in der Mitte, geringe, aber unverkennbare Reste von Mauern mit Bekleidung von Tufnetzwerk besten Styls an der hinteren Wand der Höhle. Dazu kommt eine vorn an der Westwand nahe dem Eingange liegende, jetzt halb mit Schutt gefüllte und der Wölbung beraubte Cisterne von etwa 4 Meter Länge, neben welcher sich noch eine andere befinden muss, da beim Klopfen an die Zwischenwand ein hohler Klang hervorgebracht wird. In der Richtung des hintersten, noch mit dem gelben Tuffnetzwerk versehenen Mauerstücks bemerkt man westwärts eine verschüttete Oeffnung in der Höhlenwand, an welcher der Felsen künstlich abgeplattet erscheint. Es liegt nahe, an eine unterirdische Verbindung zwischen den Gebäuden der Höhle und der Villa oder der Burg auf dem Castiglione zu denken, da der Zugang von aussen, wenn er sich auch ursprünglich auf der Ostseite befunden und grössere Bequemlichkeit und Sicherheit geboten haben sollte, immer beschwerlich genug sein musste. Eine Ausgrabung in der Höhle würde anscheinend der Mühe werth sein.

Capitel VIII.

# Camerelle. — Punta Tragara. — Certosa.

Mit vollständiger Sicherheit lassen sich die beträchtlichen Baureste auf den hervorragenden Aussichtspunkten
Capris als Ruinen der tiberianischen Villen nachweisen, wie
es uns bei den drei Ruinencomplexen auf S. M. del Soccorso,
S. Michele und Castiglione gelungen ist. Schwieriger wird
die sichere Identificirung mit einer der zwölf Villen bei denjenigen Ruinen, welche Oertlichkeiten von minder bestimmter
natürlicher Begrenzung einnehmen. An solchen Oertlichkeiten, das heisst in dem Hügelgebiet und an den Thal-
abhängen, finden sich die Baureste zum Theil in solcher
Menge und Ausdehnung, dass, wenn die Zwölfzahl der
kaiserlichen Villen festgehalten werden soll, entweder eine
gewaltige Ausdehnung einzelner derselben oder aber das
Vorhandensein anderer gleichzeitiger Baulichkeiten neben
und zwischen ihnen angenommen werden muss, ohne dass
es jedoch möglich ist, die Grenzen der einzelnen festzustellen.

Es wurde schon früher gesagt, dass eine lange Reihe
von Gebäuden sich vom Ostabhange des Castiglione um das
Hochthal der Certosa herum bis zur Punta Tragara, das
heisst etwa einen Kilometer weit, erstreckt habe. Drei durch
einen Weg mit einander verbundene Complexe lassen sich
unterscheiden: die früher schon erwähnten Zimmer in Contrada »Valentino«, die sogenannte Villa delle Camerelle und
die erst 1885 theilweise zum Vorschein gekommene Villa
Tragara. Die ersteren liegen am westlichen, die zweite liegt
am nördlichen, die dritte am östlichen Rande des Hochthales, welches von den drei Bergen Castiglione, S. Michele
und Tuoro Grande (der den optischen Telegraphen trägt)
umschlossen wird. Aber auch innerhalb des Thales scheinen
auf zwei dicht an die südliche Steilküste herantretenden,
durch eine Schlucht getrennten Hochflächen noch Villen gelegen
zu haben: eine kleinere oberhalb der sogenannten »Unghia

Marina«, eine sehr grosse an der Stelle des heutigen Kar-
thäuserklosters. — Doch beschäftigen wir uns zuerst mit
den in die Augen fallenden bedeutenden Ruinen der
»Camerelle«.

Dieselben bestehen aus einer mehr oder weniger sichtbaren ununterbrochenen Reihe von Bruchsteingewölben verschiedener Weite, welche in der Construction gänzlich mit
denjenigen auf dem S. Michele übereinstimmen und, wie die
Reste des unbemalten Kalkbewurfes und die lacerti zeigen,
gleich jenen als Wasserbehälter dienten. Offenbar war auch
ihre Hauptbestimmung, wie bei jenen, diejenige, als Substructionen für einen Weg zu dienen, der vom Fusse des
Castiglione nach der Punta Tragara zog. Der heutige viel
begangene Weg nach dem Aussichtspunkte nahe den Faraglioni folgt durchaus der Richtung der antiken Strasse und
läuft fast durchweg auf antiken Substructionen, wenn auch
in der ersten Hälfte nicht mehr auf der ursprünglichen
Höhe, da die vorderen Theile sämmtlicher »Camerelle« eingestürzt sind. Am besten sind sie an dem nördlichen
Strassentheil ostwärts vom »Albergo Quisisana« (durch
Spielhagens Novelle und einen guten Tisch jetzt renommirt
geworden) erhalten, wo die Villa Federigo und die Villa
Pompejana durchaus auf den alten Fundamenten und unter
Benützung der alten Souterrains erbaut sind. Hier sind sie
und ihre Unterbauten auch am höchsten, da eine beträchtliche Einsenkung der Thalwand auszufüllen war. Im Westen
und Osten bedurfte es geringerer Unterbauten, um eine
horizontale Strassenlinie herzustellen. Die Pflasterung bestand,
gerade wie auf dem Monte S. Michele, aus Bruchstein-Gussmasse. Sie ist an mehreren Stellen erhalten und scheint,
wie die Ringstrasse der Villa auf dem genannten Berge,
20 römische Fuss breit gewesen zu sein. Auf der Bergseite
wurde sie durch eine Mauer aus Bruchstein und Ziegeln
eingefasst, welche sie von einer höheren, künstlich geebneten
Terrasse trennte. Diese scheint die doppelte Breite der Strasse
gehabt zu haben; wenigstens habe ich an mehreren Stellen
um je 40 römische Fuss (das heisst 11·83 Meter) hinter
dem Terrassenrande Frontmauern von Gebäuden gefunden.
In beträchtlicher Ausdehnung und mehr als einen Meter

über dem Gartenboden gut erhalten sieht man eine solche in dem Grundstück ostwärts der Villa Pompejana. Andere Mauerreste finden sich in der Villa Lambolillo und in der Nähe an mehreren Stellen des Weges. Sie bestehen aus Bruchstein und Ziegeln bester Construction, und zwar wechseln — wie sich dies bei allen tiberianischen Bauten wiederholt, so dass es als sicheres äusseres Erkennungs-zeichen anzuwenden ist — je sechs Ziegellagen mit den sechs- bis achtmal so hohen Bruchsteinpartieen ab.

Nur ein Theil dieser Ruinen liegt offen am Wege; das übrige muss man in den Masserieen aufsuchen, unter deren Fruchtboden sicherlich noch vieles versteckt liegt. Ich stieg in den Weingarten hinab, der gegenüber den genannten Villen in Terrassen südwärts abfallend sich an die heutige Strasse anschliesst, um deren antiken Unterbau in Augen-schein zu nehmen. Sogleich machte mich der schon früher erwähnte redselige Colono auf einen mannshohen unter-irdischen Gang aufmerksam, der unterhalb der Strasse und der »camerelle« in sein Grundstück mündete. Er versicherte mich, von seinen Vorgängern in der Pachtung gehört zu haben, dass man noch vor etwa zehn Jahren mittelst dieses Ganges bis auf den Gipfel des S. Michele habe gelangen können; seitdem sei ein Theil der Decke eingestürzt und so der Weg versperrt. Der Gang ist etwa zwei Meter hoch und einen Meter breit. Die Wände bestehen aus Bruchstein; die Decke ist im Winkel ebenfalls aus Gussmasse hergestellt, welche den Abdruck der Bretter, über denen sie geformt wurde, bewahrt hat. Weiter ostwärts befindet sich ein ganz ähnlicher in eine Gesteinrinne neben der Villa Discopoli mündender Gang von derselben Höhe und etwas geringerer Breite. Beide waren gewiss Abzugscanäle. Den Obertheil der Mündung eines gewölbten Canals aus trefflichen Ziegeln, der offenbar das Wasser in die mit einander communiciren-den »camerelle« geleitet hat, bemerkt man endlich zwischen den Villen Pompejana und Federigo.

Ob wirklich in dieser Gegend besonders zahlreiche nummi spinthrii gefunden worden seien, steht dahin. Haltlos sind die Vermuthungen, nach denen die berüchtigte sellaria des Tiberius oder aber ein Amphitheater dieses gegen Süden geneigte muschelförmige Thal eingenommen haben soll. Gegen das letztere spricht der Umstand, dass auf der stark abfallenden Thalsohle nie weitere Mauerreste gefunden worden sind.

Der Weg, dessen Substructionen wir in den »camerelle« der Villen Federigo, Pompejana und Lambolillo vor uns haben, endigt bei einem Gebäudecomplex aus augusteischer oder tiberianischer Zeit, welcher sich bis in die Nähe der Punta Tragara erstreckt. Der Besitzer der kleinen Osterie an dem dortigen Aussichtspunkte gegenüber den Faraglioni und dem Monacone hat 1885 an mehreren Stellen seines Grundstückes Zimmerreste aufgedeckt, welche auf eine bedeutende Ausdehnung dieser Villa schliessen lassen. Eine lange Reihe von Zimmern aus opus latericium zieht sich genau in der Richtung und neben der Strasse von Nordwest nach Südost hin, im Rücken begrenzt durch die Felswand, die künstlich abgeschrofft ist, um das Plateau für die Villa zu schaffen. Die Lücken in der Felwand sind durch Mauerwerk ergänzt. Stellenweise sieht man vor der Bergwand eine Futtermauer mit Kalkbewurf. An anderen Stellen ist der Mörtel aus Kalk und Ziegelstückchen unmittelbar auf die Felswand aufgetragen, obwohl diese sehr unvollkommen geglättet ist. Sie ist im südlichen Theile sogar krummlinig und enthält hier zwei halbrunde Nischen, die augenscheinlich nicht fertig geworden sind. In einer derselben hatte man angefangen, auch ein viereckiges Postament aus dem Gestein herauszuhauen. In der nördlichen Hälfte läuft die hintere Grenze der Villa geradlinig fort. Die Gesammtlänge der Zimmerreihe beträgt 207 Meter, d. i. 700 römische Fuss. Nur ein kleiner Theil ist bis auf die Fussböden ausgegraben, unter denen einige sehr schöne aus bunten Marmortafeln in den bekannten geometrischen Mustern sich befinden. Die Zimmerwände sind nur in Höhe von wenigen Fuss erhalten, da der Boden stets als Gartenland benützt worden ist. Nur im nördlichsten Flügel sieht man einige Gemächer mit übermannshohen Ziegelwänden, erst in der Neuzeit ausgegraben. Sie bewahren Reste des bemalten Wandbewurfes und der weissen Marmormosaik der Fussböden. Das eine hat eine Laren- oder Penatennische.

Die grosse Zahl der Paläste, die Tiberius in Capri besass, legt die Vermuthung nahe, dass er, je nach der Jahreszeit, die Residenz gewechselt habe. Wenn im Frühling das
Thal der Grossen Marina, im Sommer die luftigen Höhen
des Monte S. Michele und der Jupitersvilla, im Herbst die
Hochebene von Anacapri sich als Wohnsitz empfahlen, so
konnte im Winter keine andere Gegend mit den Thalab-
hängen der Südseite wetteifern. Die Villa nahe der Punta
Tragara war gleich den anderen Baulichkeiten längs der Via
delle Camerelle vor allen rauheren Winden geschützt und
während des ganzen Tages der Sonne ausgesetzt. Sie
schaute nach Südwest und gewährte eine unvergleichliche,
wenn auch nicht sehr umfassende Aussicht auf den male-
rischsten Theil der Südküste mit der Kleinen Marina, den
gleich mächtigen Coulissen in das smaragdene Meer vortre-
tenden Fuss des Monte Solaro, dessen grandiose Wand im
Westen den Blick begrenzt, den Steilkegel des Monte Castiglione mit seinen glänzenden Palästen und das zwar noch
nicht von Orangen, Limonen, Pfirsich- und Johannisbrot-
bäumen, aber doch von Reben, Oliven, Lorbeer und Myrthe
grünende, von Pinien und Nussbäumen beschattete Thal,
das südwärts steil und fast unersteiglich zu der hell leuchtenden Küste abfiel.

Ostwärts und im Rücken der Villa erhebt sich der
260 Meter hohe Monte Tuoro Grande, auf welchem man
ein niedriges, schwarz und weiss angestrichenes Gebäude
und die Apparate für den optischen Telegraphen erblickt.
Derselbe vermittelte früher die Verbindung mit der optischen
Station von Massa Lubrense auf der Sorrentiner Halbinsel;
er dient jetzt, nach Legung eines unterseeischen Kabels, blos
noch für den Signalverkehr mit den Schiffen. Die Aussicht
von der Höhe ist eine der lohnendsten. Man erblickt vier
durch die Erhebungen der Insel getrennte Meerestheile,
deren tiefes Blau und krystallenes Grün mit den gesättigten
braunen und gelben Tönen der Berge entzückend contrastirt.
Der Tuoro Grande schliesst mit dem ihm nördlich gegenüberliegenden Tuoro Piccolo das Thal der Grotta di Mitromania
ein. Wohl nicht mit Unrecht bringt man den Namen beider
Berge mit den von Statius genannten Taurubulae in Verbindung.

Die Lage der Tragara-Villa auf einem künstlichen Einschnitte des Bergabhanges ist die Hauptursache ihrer vollständigen Verschüttung geworden, da die von der Höhe herabgeschwemmten Erdmassen nothwendig sich auf der Terrasse ablagern und die Räume, deren Wölbungen einstürzten, ausfüllen mussten.

Dasselbe Schicksal haben die Baulichkeiten gehabt, welche sich auf einem tieferliegenden, nur geringen Umfang besitzenden Plateau an dem gleichen Bergabhang befanden. Nur Schutt und Trümmerreste beweisen das einstige Vorhandensein eines Gebäudes an dieser malerischen Stelle, die, jetzt mit Rebenpflanzungen dicht bedeckt, etwa hundert Meter oberhalb der »Cala dell' Unghia Marina« genannten Bucht hart an der Steilküste sich befindet.

Dass die hier gelegene Villa, in welcher der Inspector Feola 1826 Nachgrabungen veranstaltete, dem ersten Kaiser gehört habe, wird wahrscheinlich gemacht durch den Fund von grossen Ziegeln mit dem Stempel HYACINTHI IVLIAE AVGVSTAE. Es fand sich eine grössere Anzahl von Zimmern zum Theil mit schönen Marmorfussböden und mit lebhaften und eleganten Wandmalereien versehen. Zahllose Bruchstücke werthvollen Marmors fanden sich unter Schutt und Erde. Ein Rest eines Fussbodens ist in das Neapler Museum gekommen. Marmorne Thürschwellen und Thüreinfassungen nebst Metalltheilen von den Thüren kamen in der Nähe zum Vorschein. Besonders häufige Verwendung hatten in dieser Anlage die grossen quadratischen Ziegelplatten gefunden, von denen auch heute in der Nähe viele Bruchstücke zu sehen sind. Die Ausgrabungen wurden nicht weiter fortgesetzt, die blossgelegten Räume wieder zugeschüttet.

Das steinige Bett eines Wildbaches trennt dieses Plateau von dem weit grösseren westwärts gelegenen, auf dem breitspurig und behäbig mit Höfen, Hallen und zahlreichen Anbauten, umgeben von einem ausgedehnten Garten, den eine hohe Mauer einschliesst, das Karthäuser-Kloster gelagert ist. Wie überall, haben auch hier die frommen Väter einen herrlichen Schauplatz zur Ausübung der Weltentsagung zu wählen verstanden. Doch durften sie diesmal blos der Spur

antiker Genussmenschen folgen. Genau an der Stelle des
Klosters muss eine Villa des Augustus oder Tiberius gestanden haben, vielleicht des ersteren, da die bequeme und
leicht zugängliche Lage auf der Südseite der Insel unweit des Landungsplatzes und der Schiffsstation dem be-
jahrten und ruheliebenden Kaiser zusagen musste, der nicht,
wie sein Stiefsohn und Nachfolger, durch Menschenhass und
Verfolgungswahn auf die steilen Höhen getrieben wurde.

Diejenigen, welche es als blosse Vermuthung hinge-
stellt haben, dass die Certosa auf antiken Fundamenten
stehe, haben sich offenbar der Mühe eigener Besichtigung
nicht unterzogen. Wer genauer zusieht, kommt alsbald zu
der festen Gewissheit, dass im grössten Umfange nicht blos
Fundamente, sondern auch Aussen- und Zwischenmauern,
Gewölbe und Arcaden des antiken Baues durch die Erbauer
der Certosa benutzt worden sind.

Tritt man in das Gartengrundstück auf der Ostseite
ein, so bemerkt man sofort einen mit der Ostwand des
Klosters parallel laufenden niedrigen antiken Mauerrest aus
Bruchsteinen, sowie Theile von in der Mitte durchbrochenen
Quermauern, die sich unter der Klosterwand verlieren. Die
Mauern sind 70—80 Centimeter dick. Sie bildeten eine
Reihe mit einander verbundener viereckiger Räume, die
möglicherweise überwölbt waren, gleich einem ihre südliche
Verlängerung bildenden, an beiden Enden offenen antiken
Raume, der jetzt einer Milchkuh Schutz vor der Witterung
gewährt. Derselbe misst 4·43 Meter, d. i. 15 römische
Fuss in Länge und Breite und stösst südwärts mit einem
zweiten höheren antiken Gewölbe zusammen, das von Osten
nach Westen gerichtet ist. Verfolgt man die östliche Aussenmauer weiter in der Richtung nach dem Meere, so sieht
man, dass sie durchweg, das südlichste Stück ausgenommen,
in ihrem unteren Theile antik ist. Ein zweites, dem letztgenannten paralleles überwölbtes Gemach, das vollständig erhalten, aber halb verschüttet ist, bewahrt noch den antiken
Kalkbewurf und zwei Nischen in den Seitenwänden.

Auf der Südseite muss die Villa sich weiter als das
Kloster, d. h. bis hart an den Küstenrand ausgedehnt haben.
Am Strande und im Meere unterhalb der Certosa findet

man eine Menge Ziegel-, Marmor- und Glasflussstücke, die nur von den herabgestürzten oder -gewaschenen Gebäude-theilen oder von diesen Ruinen herrühren können. Die arge Zerstörung, welche namentlich den südlichen Theil der Klostergebäude betroffen hat, gestattet mit besonderer Leichtigkeit das Vorhandensein antiker Reste auch im Innern festzustellen. Viele Zimmerwände stehen auf den alten felsenharten Bruchstein- und Ziegelmauern; antikes Material ist in fast allen Klosterräumen verwendet worden.

Die Trostlosigkeit des Anblickes wird gemindert und durch den Reiz des Malerischen versöhnt, Dank der üppigen Vegetation, die sich rings um den gewaltigen Gebäudecomplex ausbreitet. Wie um ein verzaubertes Schloss zieht sich auf der Meerseite eine undurchdringlich scheinende Hecke von riesigen indischen Feigen vor den durchlöcherten Wänden und gestürzten Wölbungen hin. Tiefe Stille herrscht in den schuttgefüllten, dem Regen und der Sonne offenen Räumen mit den verblassten Malereien, den gespaltenen Fussböden und den wankenden Mauern, auf denen Ameisen-schaaren hin und wieder ziehen, grosse Spinnen den schil-lernden Insecten auflauern und zierliche Eidechsen ungestört sich sonnen. An dem steinigen Abhange sind die sonne-liebenden Opuntien mit den graugrünen blattartigen fleischigen Zweigen und den rothen, gelben und grünen saftreichen Früchten bis fast ans Meer hinabgeklettert. Am dichtesten aber und von doppelter Mannshöhe umringen sie die Kloster-mauern, und die fussgrossen, tellerförmigen, stachelbesetzten Blattzweige scheinen im Verein mit breitästigen und gross-blätterigen Feigenbäumen bemüht, den Anblick des Ruins zu verwehren.

Auch im Westen ist die Façadenmauer des Klosters sammt den 2·75—3 Meter weiten Arcaden noch zum grossen Theil antik. Ueberdies sind andere Ruinen im Gebiete des ehemaligen Klostergartens zu finden. So auf dem südwest-lichsten Vorsprunge dieses Gebietes, wo zwei Felszacken sich zu einer den Kirchenfirst überragenden Höhe erheben, um auf der anderen Seite senkrecht zum Meere abzufallen. Beide Felszacken sind durch eine solide halbkreisförmige Aufmauerung mit einander verbunden, deren Oberfläche ein

herrliches Belvedere abgab. — Auch der westliche Theil
der Umfassungsmauer des Klostergartens dürfte auf einer
antiken Futtermauer stehen, oberhalb deren meines Erach-
tens der Weg vom Fusse des Castiglione nach unserer
Villa lief.

Nachdem schon im sechsten Jahrhundert die Benedictiner von Monte Cassino in Capri Fuss gefasst hatten, von
wo sie den Körper des Schutzheiligen der Insel, S. Constantius, nach Benevent, später nach Montevergine brachten,
und Franciscaner, wie es scheint, bereits unter den ersten
Anjous das Kloster an der Marina Grande gegründet hatten,
liessen sich am Ende des vierzehnten Jahrhunderts die Karthäuser hier nieder, die es zu grossem Reichthum und Ein-
fluss brachten. Erbauer des Klosters, das nach dem Vorbilde
des prachtvollen S. Martino-Klosters in Neapel angelegt
wurde, war ein Mitglied der reichen Familie Arcucci, Gia-
como Graf von Altamura, Grosskämmerer der Königin Jo-
hanna II. Der Bau begann 1371 und wurde binnen wenigen
Jahren beendet. Die Königin beschenkte das Kloster mit
bedeutendem Grundbesitz, den es in der Folge noch ver-
mehrte. Arm und alt fand der Gründer hier Zuflucht, als
er bei Karl III. in Ungnade gefallen, und ein ehren-
volles Begräbniss in der Klosterkirche, nachdem er 1386
gestorben war. Als im Jahre 1656 die Pest in Neapel wüthete, wurde trotz sorgfältiger Ueberwachung des Verkehrs
die Seuche auch in Capri eingeschleppt und zwar, wie es
heisst, durch Kleidungsstücke und eine Haarlocke einer Ver-
storbenen aus der vornehmen Familie Morcaldi, die an Ver-
wandte in Capri übersendet wurden. Die Sterblichkeit unter
der Bevölkerung, die fünfzig Jahre früher durch den Ge-
schichtschreiber Capaccio nur auf 400 Seelen im Ganzen
geschätzt wurde, war in beiden Ortschaften der Insel eine
erschreckliche. Der Tradition zufolge sollen die Karthäuser-
mönche gänzlich verschont geblieben sein, weil sie sich in
ihrem mit allen Bedürfnissen reichlich versehenen Kloster ein-
schlossen und jede Berührung mit der Aussenwelt vermieden. Der
Pfarrer, den ich darüber befragte, bestreitet dies entschieden,
und zwar, wie er sagt, auf Grund von Documenten, die in
seinem Besitz sind. Aus diesen soll hervorgehen, dass auf

eine durch die kirchlichen Oberen an sie gerichtete Auffor-
derung zu seelsorgerischem Beistande die Mönche sich zu
allen Functionen ausser derjenigen des Stadtpfarrers bereit
erklärt haben. In Anacapri war nur ein einziger Geistlicher
verschont geblieben, und zwar einer, welchem im Disciplinar-
wege die Austheilung der Sacramente entzogen war, so dass
der Ortsvorstand in einem Schreiben, welches Don Canale
zu besitzen erklärte, an den Bischof die Bitte richtete, jenem
Priester die Verwaltung der Sacramente wieder zu gestatten,
damit die unglücklichen Kranken nicht ohne Beistand aus
dem Leben gingen.

Thatsache scheint zu sein, dass die Karthäuser sich
durch die hinterlassenen Güter derjenigen bereicherten,
welche ohne Erben gestorben waren. Noch kurz vor der
französischen Revolution besassen sie nicht blos sämmtliche
Grundstücke in der Umgebung des Klosters, sondern viele
auch im Territorium von Anacapri und auf dem Festlande,
und man berechnete das Jahreseinkommen der damals vorhandenen vierzehn Mönche auf zusammen 12.000 Ducaten,
so dass sie nicht selber Noth zu leiden brauchten, wenn sie
in Zeiten der Theuerung einige Klostersuppen nebst Brot,
Mehl u. dgl. an die Hungernden vertheilten. Nach der französischen Eroberung 1808 wurde das Kloster nebst den
beiden Theresianerinnen-Klöstern in Capri und Anacapri aufgehoben und der Besitz vom Staate eingezogen. Die nach
der Pest von 1656 durch die Mönche in Besitz genommenen
Güter wurden der Kathedrale von Ischia zutheil.

Die Aufhebung hat die behäbigen Karthäuser Capris
aus ihrem palastartigen reichen Besitzthum vertrieben, das
dadurch einem langsamen Verfalle preisgegeben worden ist.
Trotzdem ist die Certosa, die jetzt als Kaserne für eine
militärische Strafabtheilung dient und deshalb im Inneren
schwer zugänglich ist, noch heute das imposanteste Gebäude
der Insel. Eben dasselbe darf von der Villa vorausgesetzt
werden, die an ihrer Stelle sich erhob, als im fernen Osten
des römischen Reiches der einfache Volkslehrer auftrat, der
nicht ahnte, dass seine Nachfolger und Anhänger in römischer Kaiser würdigen Palästen hausen würden.

Capitel IX.

# Die Südküste: Grotta dell' Arsenale, Tragara-Cap und -Hafen, Piccola Marina, Faraglioni.

Senkrecht unterhalb der Certosa befindet sich eine Grotte, wenige Meter über dem Meere, von dem sie durch einen schmalen zerklüfteten Felsstrand getrennt ist. Auf dem letzteren ist künstlich eine 35 Meter lange, sanft geneigte Ebene hergestellt, eine Fortsetzung der ebenfalls nach dem Meere hin sich senkenden Bodenfläche der Höhle. Dieselbe hat ungefähr elliptische Form, misst von dem weit offenen Eingange bis zum Hintergrunde etwa 30 Meter, ist 22 Meter breit und 15 Meter hoch im Maximum. Man besucht sie von der See aus. Der Boden, jetzt hoch mit Schutt, Sand und Geröll bedeckt, war mit einem steinhart gewordenen Gemisch von Kalk, vulcanischen Schlacken, grauem Tuffstein und Ziegelbrocken gepflastert, ist aber fast ganz zerstört. Die weit offene Höhle führt den Namen »Grotta dell' Arsenale,« weil nicht ohne Grund angenommen wird, dass sie zu Zwecken des Baues oder wenigstens der Reparatur, Kalfaterung und Bergung von Booten eingerichtet gewesen sei. Der geneigte Boden in und vor der Höhle findet so seine Erklärung. Auf eine Benützung als Werkstätte weisen auch eine gemauerte Bank an der linken Wand und zwei Reihen von viereckigen ausgeputzten Löchern im Obertheil beider Seitenwände hin, die allem Anscheine nach als Balkenlager dienten. Die Balken werden einen Bretterboden getragen haben, der zum Aufbewahren von Werkzeugen, Materialien u. s. w. dienen konnte. An mehreren Stellen sieht man Reste von Tuff- und Ziegelmauerwerk an den Höhlenwänden. Früher sollen im hinteren Theile zwei kleine Zimmer erkennbar gewesen sein, aus denen schöne Marmorfussböden entfernt worden sind. Rechts ist noch eine Kammer aus Tuff-Reticulat und Ziegeln, $3\frac{1}{2}$ Meter lang und

3 Meter breit. Sie wird für ein Grab erklärt, weil nach un-
verbürgter Angabe Gebeine in ihr gefunden sein sollen.
Ebenfalls einem on dit zufolge wurde 1777 durch den Fer-
raresen Dr. Giraldi ein von hier stammendes werthvolles
eisernes Schiffsgeräth (es wird nicht gemeldet, welcher Art)
erworben. Die Nähe des Landungsplatzes der Kleinen Marina sowie des bald zu erwähnenden Hafens an der Punta
Tragara lassen es kaum bezweifeln, dass die »Grotta dell-
l'Arsenale« irgendwelchem Marinezwecke gedient habe. Die
gemauerten Kammern können dann nichts anderes als Auf-
enthaltsräume für das Aufsichtspersonal gewesen sein.

Ostwärts neben der grossen Grotte befindet sich eine
kleinere von derselben Form, in der ebenfalls Reste von
Ausmauerung und Spuren der Benützung erkennbar sind.
Es folgt dann eine vom Meere angefüllte Grotte, als »Albergo dei Pescatori« bezeichnet, weil die Fischer in ruhigen
Nächten, wenn sie das Untergehen des Mondes abwarten
wollen, ihre Boote hineinrudern und sich dem Schlafe überlassen können. Hinten sieht man eine bogenförmige Oeffnung,
die künstlich zu sein scheint, und, wie man glaubt, einen
unterirdischen Zugang vom Lande her gebildet hat. Merkwürdig ist die Thatsache, dass die Paläste von S. Maria
del Soccorso, S. Michele, Castiglione und Certosa sämmtlich
oberhalb grosser natürlicher Felshöhlen erbaut waren.

In geringer Entfernung östlich von den eben beschriebenen Punkten: der Certosa, der Unghia Marina und
den Grotten, erreicht man den Punkt, welcher als der Sporn
der Insel zu betrachten ist, wenn man deren Gestalt mit
derjenigen eines Stulpstiefels vergleicht: nämlich die Punta
Tragara, das pyramidale Felsvorgebirge, welches nur durch
eine Klippenbank mit dem Inselkörper zusammenhängt. Auch
dieser Punkt ist ebensowohl durch überraschende natürliche
Bildung wie durch antiquarische Reste interessant. Wüst, zer-
klüftet, ohne einen Grashalm, erzählt die Felsbank von
ewigem Kampfe mit dem Meere, das an ruhigen Sommer-
tagen in wundervoller Klarheit und Bläue die Klippen und
Vorgebirge umspült und das Auge in helle Tiefen dringen
lässt, beim Südsturm dagegen mit furchtbarer Gewalt über
die Klippen daherrast. Obwohl an der Südostspitze als

unbesiegbarer Schutzpfeiler das pyramidenförmige Vorgebirge aufragt, welches den Wogen nur zwei kurze Angriffsstrecken übrig lässt, so ist deren Arbeit bei der Häufigkeit heftiger Sciroccowinde doch erfolgreich genug gewesen, um die Felsenbank von unten zu unterwühlen und ihre Oberfläche zu einem wilden Durcheinander scharfer zernagter Grate, glatter abschüssiger Flächen und muldenförmiger Vertiefungen zu gestalten, die mächtigen Werke der Menschenhand aber, die einst den Fluthen die unbedingte Herrschaft streitig machten, bis auf armselige Reste zu vernichten.

Noch jetzt finden ein paar Fischerbarken unter der Nordwand des Vorgebirges nothdürftigen Schutz gegen die Brandung. Vor Zeiten aber war dafür gesorgt, dass auch grössere Schiffe sicher hier landen und vor Anker liegen konnten, und zwar durch Kunstbauten, welche die Bucht zwischen der Nordseite des Vorgebirges und der Inselküste in einen sicheren Hafen verwandelten. Es ist nicht mehr möglich, festzustellen, in welcher Weise dies geschehen sei. Wenn das Niveau des Meeres in alter Zeit dasselbe gewesen wäre wie heute, so müsste man annehmen, dass der etwa 120 Meter betragende Zwischenraum zwischen dem Vorgebirge Tragara und dem Scoglio Lo Monacone sowie der etwas grössere zwischen diesem und der Küste durch je einen Schutzdamm ausgefüllt war. Dass dergleichen Arbeiten den römischen Baumeistern schon am Ende der republicanischen Zeit ein Leichtes waren, beweist der von Antiphilos von Byzanz besungene Molo von Puteoli, der 386 Meter lang war und dessen Pfeiler zum Theil an 16 Meter tief im Wasser standen. Doch ist schon dargelegt worden, dass vordem die ganze Insel höher aus dem Meere ragte, so dass der Hafen schon von Natur geschützter war. Leider fehlt es noch an geologischen Untersuchungen, welche es ausser Zweifel stellen könnten, wieweit und wann das Meeresniveau um die Insel sich verändert habe.

Mauerreste sind in ganz verschiedenen Tiefen unter Wasser vorhanden, so dass daraus kein Schluss auf das Niveau zur Zeit der Erbauung gezogen werden kann, um so mehr, als Theile dieser Bauten recht wohl von vornherein sich unter Wasser befinden konnten. Dagegen gestattet die unverkennbare Spur der Wasserlinie am Felsen nicht, daran zu zweifeln, dass zu einer gewissen Zeit dieser Theil der Küste mehrere Meter tiefer eingesunken war; und diese Zeit muss nach der antiken Bau-Epoche eingetreten sein, da die auf der geebneten Klippenbank errichteten Gemächer mit Ziegelfussböden und geglättetem Wandbewurf nicht unter Wasser angelegt sein konnten. Andererseits zeigt der Bewurf die Spuren davon, dass er einst unter dem Wasser gewesen ist. Ohne eine zeitweise Versenkung würde auch die arge Zerstörung der beträchtlichen Hafenbauten kaum zu erklären sein. Man sieht am Ostrande der Felsbank unter dem Wasser an mehreren Stellen Reste von gemauerten Stufen und Pfeilern, auf derselben ebenfalls theils in den Stein gehauene, theils aus Tuff und Ziegeln aufgemauerte Stufen, einen im Mittelalter zu Befestigungszwecken erhöhten und erweiterten Rest einer sehr starken Futtermauer, oberhalb deren, den Hafen überschauend, noch andere Gebäude gestanden; ferner einen Fussboden aus zickzackförmig auf die hohe Kante gestellten Ziegeln und wenige Ueberbleibsel von Ziegelgemächern. Am Fusse der steilen Küstenwand im Norden bemerkt man eine anscheinend künstliche, etwa 10 Meter lange flache Aushöhlung. Vielleicht war hier ein Reservoir für das Trinkwasser, das zum Gebrauche der Schiffe von oben herabgeleitet wurde. Ein Aquäduct mit einer Menge von Bleiröhren ist vor etwa fünfzig Jahren am Fusse des Felsens entdeckt worden.

Francesco Spadaro hatte sich unaufgefordert auch dieser meiner Untersuchung angeschlossen und war mir durch seine Luchsaugen nützlich geworden. Die Sonne war im Untergehen, als wir langsam an dem steilen Abhange der Südküste wieder hinaufklommen, durch Tücherschwenken der Freunde, die von der Brüstung bei der Tragara-Osterie die unbeschreiblich malerische Scenerie bewunderten, zur Eile angetrieben. Die im Schatten liegenden Felswände zeigten alle Abstufungen des Blau und Violett; die roth beleuchteten Wände und Zacken strahlten in Roth und Rosa, und die Ränder und Gipfel waren wie von Gold umsäumt. Wir blieben wiederholt wie festgebannt auf dem schmalen

Zickzackwege stehen, bald in die tiefblauen, smaragdgrün
gefleckten Fluthen zu unseren Füssen hinabschauend, bald
die entzückten Blicke auf die blitzenden Segel, die flammende
Himmelsgluth, die phantastischen Felsgebilde heftend.

Wie glühende Pfeiler ragten die massigen »Faraglioni« aus dem violetten Meere auf. Sie sind anderthalb
Kilometer entfernt, erschienen aber in der wunderbar durchsichtigen Abendluft so nahe, dass man die einzelnen Gebüsche auf dem Gipfel unterscheiden konnte. Ich suchte
mit den Augen nach dem um ein geringes mehr westwärts
gelegenen isolirten Inselfelsen des »Monacone«. Er war unsichtbar, weil hinter dem höher aufsteigenden Tragara-Vor-
gebirge versteckt.

Da ich wusste, dass mein Führer mit einer gewissen
Geringschätzung auf die mehr den Golf als das offene Meer
befahrenden Schiffer von der Grossen Marina hinabsah, so
erzählte ich ihm, dass einer von jenen, ein braver Bursche
Namens Luigi Arivello, Eigenthümer der Barke »Fiore di
Capri«, mich bei einer Rundfahrt um die Insel auch zum
Monacone geführt und auf den Gipfel desselben geleitet
habe. Francesco hörte, ohne eine Miene zu verziehen, ruhig
zu. Als ich geendet hatte, sah er mich erwartungsvoll an.
Da ich nichts hinzufügte, fragte er: »Und dann?« — »Nichts
weiter!« antwortete ich. — »Nichts weiter« wiederholte er
wegwerfend. »Da hat Luigi freilich was Rechtes geleistet.
Sehen Sie den Scopolo dort, den äussersten Faraglione?«
— »Gewiss; bist du vielleicht dort hinaufgestiegen?« —
»Ja, hundertmal, und mein alter Vater, der jetzt 60 Jahre
alt ist, hat vor dreissig Jahren auch einen Fremden hinaufgeführt, der nur immer vor Freuden in die Hände geklatscht
hat, als er oben war, und ausgerufen hat: Bravo Spadaro,
Bravo Spadaro! Und dann hat er meinen Alten, der doch
ein armer Mann ist, zum Frühstück ins Hôtel eingeladen
und hat ihm ein Paar Hosen geschenkt mit dem Geldbeutel
und allem was drin war, und es waren 26 Lire darin.«

Ich wusste bereits von der Geschichte, und wusste
auch, dass Spadaro allezeit bereit ist, für ein paar Francs
seinen Hals zu riskiren. Doch liess ich ihn ruhig die ganze

Begebenheit erzählen, was er mit grossem Behagen und mit offenbarem Stolze ob der Bravour seines »Alten« that.

Als wir zurückkamen, rief er diesen aus dem Hause und liess ihn die Erzählung wiederholen, was der grauhaarige, barfüssige Alte, eine untersetzte, aber geschmeidige Gestalt mit jovialem Ausdruck des sonnverbrannten Gesichtes, in dem muntere Augen blitzten, mit grosser Umständlichkeit ausführte.

Mit Humor berichtete er von der Heimlichkeit der Vorbereitungen, von denen die besorgte Gattin des Fremden nichts wissen durfte, von der Klettergeschicklichkeit und der Erfolgfreude des Letzteren und von den Vorwürfen, die ihm, dem Führer, der Hôtelwirth nachträglich wegen des tollkühnen Unternehmens gemacht habe. »Er wollte mich nicht hineinlassen, als ich mich auf die Einladung des fremden Herrn hin einfand, und drohte mir mit dem Sindaco und dem Gefängniss. Ich bin ein armer Mann, und ich war still und blieb draussen stehen. Aber da kam der Herr heraus und fragte nach mir, und wie ich ihm sagte, dass ich nicht habe eintreten dürfen, forderte er sofort die Rechnung, liess mich seine Sachen aufpacken und wechselte das Hôtel. Ja, die Hôtelwirthe sind manchmal ein bischen furchtbar mit uns, Herr.«

Eine Besteigung der Faraglioni, durch einen Fremden (Engländer) zum ersten und einzigen Male vor 30 Jahren, durch die Strandbewohner behufs Sammelns von Möven-Eiern auch früher ausgeführt, ist thatsächlich ein waghalsiges Unternehmen. Ein Fehltritt stürzt den Besteiger unfehlbar ins Meer hinab; denn die Felsen steigen auf allen Seiten fast senkrecht aus der Fluth auf. Eine Angabe über die Höhe und Ausdehnung der wunderlichen Inseln steht mir nicht zu Gebote. Der höchste, welcher auch der äusserste ist und etwa 250 Meter von der Küste entfernt liegt, mag bis zu 120 Meter aufsteigen, der nördlichste, fast ebenso hohe, der durch eine schmale Felszunge mit dem Lande (der sogenannten Punta Tragara) zusammenhängt, gegen 200 Meter Umfang haben. Zwischen diesem, der von seiner Gestalt den Namen Stella führt, und dem ersteren, Scopolo genannt, liegt ein dritter, unbenannter, der beträchtlich

niedriger ist. Er bildete gewiss früher einen Theil des Scopolo, von dem ihn nur ein schmaler Canal trennt, und ist
von einem natürlichen Tunnel durchbrochen, durch den, wie
durch den Canal, Fischerbarken fahren können.

Ist man bei hochgehendem Meere um diese Inselfelsen
gefahren, so wird man überrascht durch die Genauigkeit,
mit der die homerische Schilderung der Prallfelsen und der
Scylla-Enge auf diese Localität passt. Das Boot braucht nur
in der Richtung des eben genannten Canals auf den
schwanken Wellen ein paar Mal hin und wieder geworfen
zu werden, so scheinen die steilen Felswände, welche nur
durch eine schmale Spalte getrennt sind, gegen einander zu
schlagen, wie es der Dichter von den »Plankten« erzählt.
Die optische Illusion ist so vollständig, dass man glaubt,
die Wellen, die brausend durch den Canal strömen, werden
durch das Oeffnen und Schliessen der Spalte hervorgebracht.
Sieht man dann aus der von Osten nach Westen gerichteten
Höhle stossweise die in Schaum aufgelösten Wogen hervorbrechen, hört man das Dröhnen, Tosen und Zischen,
mit dem sie an die Felswölbung schlagen, das dumpfe
Gurgeln und Rollen, mit dem sie sich wieder in das Dunkel
zurückziehen, so kann man keinen besseren Vergleich er-
finden, als den mit einem vielfüssigen und vielhäuptigen
Ungeheuer, das aus einem Schlupfwinkel hervorstürzt, um
Beute zu erhaschen.

Man lese im Homer, auch unter Beachtung der
Fahrt und ihrer Stationen, die Verse XII, 59—64, 73—95,
und man frage sich, ob der Dichter eine grössere Uebereinstimmung hätte zu Stande bringen können, wenn er aus
eigener Anschauung seiner Schilderung die capresischen
Faraglioni zu Grunde gelegt hätte.

Von den nimmermüden Wogen benagt, ragt der eine
glatt, senkrecht, unersteiglich gen Himmel, während der
andere »weit niedrigere, dem ersten so nahe, dass ihn der
Bogen erreichte«, eine Höhlung erhält, durch welche die
Fluth brausend aus und einströmt, das verderbliche Spiel
der »wasserstrudelnden Göttin Charybdis«. — Nichts wahrscheinlicher als dass Schiffer-Erzählungen von diesen wunderlichen Inselfelsen der Sage von den Prallfelsen zu Grunde liegen.

Auf dem Süd-Faraglione hat man Olivenbäumchen, Schlangen und eine Eidechsenart von meerblauer Farbe gefunden, die für eine diesem Felsen eigenthümliche Species gehalten wird. Auf dem Stella-Felsen soll vor Zeiten ein marmorner Sarkophag gefunden worden sein. Vielleicht beruht dies auf einer Verwechselung mit der Thatsache, dass auf dem nahe dabei ostwärts gelegenen niedrigeren Felsen-Inselchen Lo Monacone, zuweilen mit zu den Faraglioni gerechnet, ein antikes Grab vorhanden ist. Ich habe, wie schon gesagt, unter Führung Luigi Arivellos den Monacone erstiegen und das Grab gefunden, obwohl Luigi und andere von mir vorher befragte Fischer, die für dergleichen keine Augen haben, nichts davon wissen wollten.

Der Aufstieg hat bei ruhigem Meere keine Schwierigkeiten. Man klettert vom Boote aus über die Felsblöcke, die durch ihren Zusammensturz eine Spalte gebildet haben, aufwärts, dann durch ein Loch zwischen zusammengestürzten Blöcken und erreicht so den gut erhaltenen Theil einer antiken Treppe, aus etwa 40 Stufen bestehend, die auf das mit Gestrüpp bewachsene, unebene Plateau führt. Auf dem höchsten Punkte desselben, nach oberflächlicher Schätzung 40—50 Meter über dem Meere, ist ein aus Bruchsteinen aufgemauertes, innen stuckirtes Grab von 2 Meter Länge und 1 Meter Breite, mit 60 Centimeter dicken Wänden.

Andere Mauerreste sind nicht vorhanden — ein weiterer Beweis gegen die sonderbare Ansicht, dass dieses Inselchen mit der »Apragopolis« des Augustus identisch sei. Wer die etwa 100 Meter Umfang besitzende, baum- und schattenlose Felsklippe gesehen hat, kann nur über die Vermuthung lachen, dass verwöhnte und genussliebende Hofleute sich hieher zurückgezogen haben sollen, um des dolce far niente zu pflegen! Richtig kann es sein, dass dies das Inselchen ist, als dessen κτιστής Augustus seinen Liebling Masgabas bezeichnete, dessen Grabmal daselbst er aus dem Speisesaal seiner Villa bemerken konnte, in welchen Falle man an die Villa auf der Punta Tragara denken müsste. Jedenfalls unterstützt das Vorhandensein des beschriebenen Grabes diese Vermuthung. Der Zugang zur Insel war, wie die Reste der Treppe zeigen, im Alterthum bequemer, so dass der Besuch

des Grabes durch zahlreiche Personen mit Fackeln und
Lichtern, wie es Sueton erzählt, nichts Befremdendes hat.

Die Insel Capri ist gegenwärtig gänzlich hafenlos.
Im Süden bietet nur der Ueberrest des antiken Molos an
der Kleinen Marina, im Norden nur der vor wenigen Jahren
errichtete Landungsdamm kleineren Booten geringen Schutz,
und auch dies nicht bei jeder Windrichtung. Bei hochgehender See müssen alle Fischerboote ans Land gezogen,
bei Sturm sogar in den Schiffshäusern geborgen werden.

Wir wissen, dass auch im Alterthum kein eigentlicher
Hafen vorhanden war, und dass es kaum für kleine Fahrzeuge ein paar Stellen zur Bergung gab.

Mag der »eine kleine Strand«, von welchem Sueton
spricht, ganz wörtlich zu nehmen sein oder nicht, was sich
bei unserer Unkenntniss der damaligen Küstenbeschaffenheit
nicht ausmachen lässt, so befand sich der Landungsplatz
für den Schiffsverkehr der Insel ohne allen Zweifel auf der
Nordseite in der Gegend der jetzigen Marina Grande; denn
in ihrer nächsten Nähe war die alte griechische Stadt angelegt, und hier begann die Treppe, welche die Verbindung
mit Anacapri herstellte.

Bei Nordwind bot diese Rhede zu wenig Sicherheit.
Deshalb wurden auf der Südseite, mochte dort schon,
wie jetzt, eine kleine Strandebene vorhanden sein oder
nicht, Anlagen zu Flottenzwecken gemacht, von denen
wir bereits zwei: die Grotta dell' Arsenale und den Tragara-
Hafen, kennen gelernt haben.

Eine dritte Anlage, und nicht die wenigst bedeutende,
befand sich unmittelbar an der heutigen Kleinen Marina.
Die jahrhundertelange Arbeit der Wogen, die durch die
winterlichen Südstürme hier oft haushoch aufgethürmt werden, hat alles, was über den Wasserspiegel emporragte,
zerstört. Nur Trümmermassen finden sich hart am Ufer,
Reste von Pfeilern unter Wasser. Der Name »Mulo,«
mit welchem die Fischer eine 80 bis 90 Meter nach Süden
vorspringende Felszunge und auch den ganzen Strand bezeichnen, ist sichtlich aus »Molo« verderbt und auf das
lateinische moles zurückzuführen, mit welchem auch der
Hafendamm von Puteoli bezeichnet wurde. Die Felszunge

war als höchst geeignetes Fundament für einen Molo benützt worden, der sich anscheinend noch weiter hinaus erstreckte. Obwohl die Brandung selbst die Felsen zernagt
und unterwaschen hat, sieht man zwischen den Zacken und
Klippen noch schwache Reste des antiken Mauerwerks aus
Tuffstein und Mörtel.

Jetzt klettern nackte braune Fischerbuben zwischen
den Klippen umher, um schiefwandelnde Krabben zu erhaschen oder sich einem ins Wasser geworfenen Steine
nachzustürzen. Ueber den von Wasserpflanzen und Schal-
thieren in Besitz genommenen Substructionen schwankt der
Schatten eines Bootes, in welchem ein Fischer das Netz
flickt oder die Lockspeise für Hummern, Polypen und
Muränen bereitet. Im Schutze eines antiken Mauerrestes
schmaucht der Zollwächter seine Pfeife; unter dem wein-
belaubten Dache der Strandschenke horcht eine hochbusige
Dirne auf die eindringlichen Vorstellungen eines anderen
Zollwächters, auf den die Wirthin wenig freundliche Blicke
wirft, sei es aus Anlass des Gesprächs oder wegen des von
dem Uniformirten bewiesenen Durstes, der vielleicht mit
seiner Zahlungsfähigkeit nicht im Einklange steht. An
Sommerabenden aber, wenn die Sonne hinter dem Monte
Solaro verschwunden ist, wird es an dem Strande lebendig.
Die Badelustigen, besonders der weibliche Theil der Bevölkerung, der sich nicht gern unter die fremdredenden Bade-
gäste an der Grossen Marina mischt, steigen auf dem beschwerlichen Wege herab, entledigen sich ohne übermässige
Zurückhaltung der Oberkleider, die auf den wärmeathmenden
weissen Ufersteinen zurückbleiben, und vergnügen sich neckend
und lärmend in einer Fluth, die auch Dianens Nymphen
behagen müsste.

Schon zu früherer Stunde haben 15 bis 20 Boote,
jedes mit zwei Fischern, den Strand verlassen. Andere
kommen von anderen Punkten der Insel hinzu, und sobald die
Dunkelheit eintritt, leuchtet einige Hundert Meter vom Strande
eine Menge von glühenden Punkten auf, die sich langsam
hin und her bewegen und ein höchst anziehendes Schau-
spiel bieten. Es sind Flammen, die mittelst Kienspänen
auf einem an der Spitze des Bootes eigens angebrachten

eisernen Rost unterhalten werden und die Polypen anlocken.
Einer der beiden Fischer rudert das Boot mit leisen, gleichmässigen Schlägen bald hier-, bald dorthin. Der andere nährt
die Flamme und handhabt das Fangwerkzeug, Dasselbe
besteht aus einer Art von eiserner Rosette mit zahlreichen
Haken und Spitzen, die an einer Schnur in das Wasser
gelassen wird. Beim Lichtscheine hält der Polyp sie für
eine Beute, umschlingt sie mit den Armen und wird durch
einen Ruck an sie gefesselt. Eine Art Tintenfische, hier
toteri genannt, kommt in den heissen Monaten in solcher
Menge in den Gewässern südlich der Insel vor, dass ein
Boot zuweilen in einer Nacht an 50 Kilogramm einbringt.
Vereinigt wird der Ertrag am Morgen nach Neapel geschafft, wo das Kilogramm mit 10 bis 12 soldi bezahlt
wird. Je dunkler die Nacht, desto ergiebiger ist der Fang.
Bei hellem Mondschein lassen sich die toteri nicht ver-
locken. Oft habe ich von dem Wege oberhalb der Kleinen
Marina oder von den Höhen der Insel dem Aufleuchten
der Flammen zugeschaut, die wie aus der Tiefe aufzutauchen
scheinen, um auf das Anzünden der Himmelslichter zu
antworten oder diesen zuvorzukommen.

So angefüllt von Ruinen die nördlichen Thalabhänge sind,
die gegen den Golf von Neapel schauen, so leer sind die
südlichen. Erst in tiberianischer Zeit sind an zwei Stellen,
an denen Niemand sie vermuthen würde und wir sie mit
grösster Ueberraschung wahrnehmen, geringe Bauten errichtet worden. Wozu sie gedient haben, bleibt ganz
räthselhaft, wenn man nicht wieder an die vielberufene,
aber nie zu fixirende sellaria denken will. Einen Rest massigen Unterbaues mit den bezeichnenden sechs Ziegellagen, die
bandförmig durch die Bruchsteinmasse gehen, überdies
eine Felsen-Nische mit halbrunder Ausmauerung habe ich
hoch oben an dem steilen Westabhange des Castiglione
entdeckt, da wo man auf beschwerlichem Pfade zur grossen
Castiglione-Höhle vordringt. Ein anderer unverkennbarer
Rest römischen Mauerwerks, jetzt tief verschüttet und arg
verwüstet, findet sich gerade gegenüber an der Ostwand des
Monte Solaro, wo neben der gewaltigen »Grotta dell' Arco«
seewärts sich eine durch einen isolirten Felspfeiler verborgene

kleinere Grotte aufthut. Sie ist jetzt von oben her nur
schwer, von der Küste aus kaum zu erreichen. Dennoch
zeigt sie Reste eines Gemaches mit Bruchsteinmauern, Fussböden aus Kalk- und Ziegelmörtel und Spuren von theils
in den Fels gehauenen Stufen, die durch die schmale
Oeffnung zwischen der Felswand und dem genannten Pfeiler
abwärts geführt zu haben scheinen. Ein Ausgrabungsver-
such ohne besonderes Resultat ist durch den Dr. Cerio hier
gemacht worden.

Je mehr ich mich umsehe, desto mehr staune ich
über die Fülle der tiberianischen Bauten sowohl wie über
die Aufgaben, welche den Baumeistern und Arbeitern gestellt
waren und über die Wahl der sonderbarsten Oertlichkeiten.
Auf die Bergspitzen, auf den Meeresgrund, in fast unzugängliche Höhlen, an schroffe Felswände liess der seltsame
Einsiedler die festgefügten Bauten stellen, die nach Jahr-
tausenden noch von seiner Macht und seinen Launen zeugen
sollten. War es Machtgelüst, Laune, Furcht oder Wahn-
witz, was dieser Bauwuth zu Grunde lag?

## Capitel X.

# Die Nordküste: Marina Grande — Palazzo a mare — Bagni di Tiberio — Blaue Grotte.

Drei Gebäudegruppen der Nordseite dürfen mit Wahrscheinlichkeit als kaiserliche Villen in Anspruch genommen
werden. In den Grundstücken Truglio und Marina unweit der
Grossen Marina wurden unter König Francesco I. Ausgrabungen veranstaltet, bei denen nicht nur viele Zimmer
eines grossartigen Gebäudes mit zum Theil gut erhaltenen
bunten Mosaikfussböden, sondern auch fünf kopflose Marmor-
statuen, eine Säule von giallo antico, Reste einer Wasser-

9*

leitung u. a. gefunden wurden. Eine kolossale als Tiberius ergänzte Imperatorenstatue und ein jugendlicher Krieger kamen in das Neapeler Museum. Den Untertheil einer sehr beschädigten weiblichen Figur mit der Künstler-Inschrift IVLIVS SALIVS FECIT hat in neuerer Zeit der ungarische Maler Haan († 1688) erworben und in seine Villa gebracht.

Ein anderes ansehnliches Gebäude oberhalb der nördlichen Strand-Ebene, das nur eine kaiserliche Villa gewesen sein kann, finden wir auf dem ungefähr im Centrum des Marinathales liegenden Hügel S. Nicola in der Ajano genannten Gegend.

Gleich links vom Eingange in das den nördlichen Theil der Hügelkuppe einnehmende Grundstück sieht man eine wohlerhaltene, noch theilweise mit Tuffnetzwerk bekleidete solide Futtermauer von 45 Schritt Länge, an die sich westlich eine andere, um ein geringes vorspringende, in derselben Richtung anschliesst. Die letztere, an welche sich das Bauernhaus anlehnt, ist etwa 30 Schritte lang, erhebt sich in mehreren Absätzen circa 5 Meter hoch und lässt Spuren von Fussböden aus Ziegelmosaik sehen. Ueber diesen Mauern befindet sich eine mit Reben bepflanzte Terrasse, rückwärts durch eine andere antike Mauer aus Bruchstein und Ziegeln abgeschlossen. Die schon öfter erwähnten sechs Ziegellagen weisen die Mauer auf den ersten Blick den tiberianischen Bauten zu. Die Breite der Terrasse beträgt ebenso wie bei der Villa S. Michele, derjenigen der Camerelle und der Punta Tragara nahe an 12 Meter, d. h. genau 40 römische Fuss. Die Mauern sind parallel und laufen von WNW. nach OSO., so dass die Villa mit der Hauptfront nach dem Vesuv und Pompeji schaute.

Zimmerwände, Fussböden u. dgl. sind auf S. Nicola wie auch weiter unten am Nordabhange des Hügels nördlich der neuen Fahrstrasse in Contrada Fontanelle oft gefunden worden. In und bei dem Pächterhause des letztgenannten Grundstücks sind manche Fussbodenfragmente aus Ziegelmosaik mit Ornamenten eingemauert.

Eine der grössten tiberianischen Villen nahm den plateauartigen Raum zwischen der alten Stadt und dem Meere westwärts von der Marina Grande ein. Sie dehnte

sich wohl 220 Meter in die Länge und 110 Meter in die
Breite aus, stieg in Terrassen, die durch solide Substructions-
gewölbe gestützt waren, nach der Meerseite empor und
gipfelte in einem imposanten, circa 90 Meter langen und
60 Meter breiten Hauptgebäude, das genau die Fläche des
heutigen Exercierplatzes einnahm. Seine Front erhob sich
unmittelbar über dem hier circa 25 Meter hohen Küstenrande. Seine Form ist noch deutlich zu erkennen; die Unterbauten der Südseite sammt ihren Gewölben sind wohl-
erhalten. Im Munde des Volkes führen die Ruinen den Namen
Palazzo a Mare (»das Schloss am Meer«); der westliche in
das Meer vortretende Flügel heisst »Bagni di Tiberio« (Tiberius-
Bäder), wie das Volk alle antiken Bauten am Strande, namentlich wenn sie vom Meere bespült sind, gern als Bäder
bezeichnet.

Dieser Theil der Villa ist der interessanteste und lohnt
den Besuch, der leichter vom Meere als vom Lande her
ausgeführt werden kann.

Mächtige Futtermauern von Bruchstein stützen das
etwa 20 Meter hohe, steile Ufer. Gewaltige Mauerreste
liegen gestürzt auf dem kieselbesäten Strande oder treten,
noch aufrecht stehend, zwischen die Strandfelsen vor, an
denen sich die krystallklaren Wellen brechen.

Den Mittelpunkt scheint eine grosse, halbkreisförmige
Nische oder Exedra gebildet zu haben, die sich an die Bergwand anlehnt und gegen Neapel hin geöffnet ist. Als Hadrawa
1790 Ausgrabungen hier veranstaltete, fand er, dass eine
Marmortreppe von zehn Stufen zu ihr hinaufführte und dass
der etwa fünf Meter über dem Wasserspiegel liegende Fussboden aus kostbaren Marmorsorten kunstvoll zusammen-
gefügt war. Erbaut war die Nische aus gutem Ziegelwerk,
von dem aber jetzt blos noch der Kalk nebst dem aus
Reticulat bestehenden Sockel übrig ist. Rechts und links
haben sich der Küstenlinie entlang andere Baulichkeiten angeschlossen. Man sieht noch mehrere Zimmer, eine gemauerte
Wasserleitung und Reste der 2—3 Meter dicken Futtermauern. Augenscheinlich ist auch in dieser Gegend das
Meer ursprünglich dem Ufer ferner gewesen; denn sicherlich
haben die Gebäude, die man jetzt im Wasser, und die zahl-

reichen Grundmauern, die man auf und zwischen den Felsblöcken des klippengesäumten Ufers unter dem Wasserspiegel
sieht, dereinst auf festem Lande gestanden.

Den entsprechenden basteiartig vorspringenden Ost-
Flügel derselben Villa scheinen die Anlagen gebildet zu
haben, deren zum Theil aus gutem Netzwerk bestehende
Reste sich im Gebiete der Villa Haan vorfinden. Ich ver-
muthe, dass hier auch der von Hadrawa erwähnte Rund-
tempel gelegen habe, der schon von ihm verwüstet und
verfallen gefunden wurde.

Der ganze Raum zwischen beiden Flügeln ist von den
grösstentheils in der Erde versteckten Ruinen des Palastes
eingenommen, der sich mehrere hundert Schritte landeinwärts
erstreckte. Zahlreiche Mauer- und Fussbodenreste, Cisternen,
Reihen von Substructionsgewölben und Kammern, lange
Terrassenmauern u. s. w. durchschneiden die benachbarten
Weingärten, deren Grenzen vielfach durch die unverwüstlichen Mauern gebildet werden. Besonders zahlreich sind
im Gebiete dieses Palastes die gewölbten Cisternen. Sie
dienen zum Theil noch heute als willkommene Wasserbehälter für die Weinbauer; theils sind sie gleich den Substructionsgewölben in Ställe und Wirthschaftsräume verwandelt.
Im südlichen Theile findet man ihrer acht in einer Reihe
neben einander, je 14 bis 15 Meter lang, durch meterdicke
Mauern von einander getrennt, durch je fünf Bogenöffnungen
mit einander communicirend. Am Eingange der einen
schwingt ein mächtiger Feigenbaum seine Aeste zum Lichte
hinauf, mit den langen Wurzeln, die Schiffstauen ähnlich
sehen, sich an das Mauerwerk klammernd und aus den tiefen
Grotten feuchte Nahrung schöpfend.

Wo man geht und steht, erkennt man die Spuren von
Mauerzügen; die Grundstücke zeigen noch die Form der Villen-
theile; lange Mauerzüge verlieren sich westwärts unter dem
geröllüberschütteten, gestrüppbewachsenen Boden der Halde,
die vom Nordfusse des Monte Solaro sichzum Meere senkt.

Ein schmaler Pfad führt westwärts durch Gesträuch
und Unterholz an der Halde entlang, nimmt aber bald mit
ihr ein plötzliches Ende, wo die Bergwand bis ans Meer
vortritt und senkrecht in dasselbe abfällt.

Einfahrt zu:

rur Blauen Grotte.

Sie bietet uns willkommenen Schatten, wenn wir an einem Sommertage gegen Mittag — weil um diese Stunde die Beleuchtung am schönsten ist — im winzigen Boot der Blauen Grotte zurudern, dem berühmten Wunder Capris, das sich aber weder mit dem Pinsel noch mit Worten schildern lässt.

Um sich eine richtige Vorstellung von dem herrlichen Phänomen zu machen, muss man bei ruhigem Meere an einem sonnenhellen Sommermittag aus der blendenden Atmosphäre, die draussen über der herrlich umrahmten glanzvollen Wasserfläche zittert, durch die niedrige Felsenöffnung in das kühle Halbdunkel der magischen Grotte hineingeschlüpft sein, um dann, sich umwendend, das zauberhafte, phosphorescirende, zartblaue Licht wie eine wunderbare, nie gesehene Substanz das Wasser und die Luft erfüllen, alle Gegenstände gleichsam durchdringen zu sehen. Es ist ein Unicum der Lichtwirkung. Man könnte das Blau der Grotta Azzurra als eine besondere — aber freilich nicht reproducirbare und unnachahmliche — Farbe aufführen.

Unpoetische Sinnenmenschen und kühle Skeptiker behaupten, das Wasser in der Blauen Grotte sei genau von derselben Beschaffenheit wie das des Meeres draussen und mache auf den Badenden völlig den gleichen Eindruck. Ich kann das Gegentheil verbürgen. Es ist ein ganz eigenartiger Genuss, wenn man sich vom Bootrande oder von den glitzernden Felsstufen im dunklen Hintergrunde der Grotte in die leuchtende Fluth hineinstürzt, wenn sie wie Silberschaum aufwogt und die Tropfen wie leuchtende Perlen und flüssiges Metall aufsprühen. Es ist bekannt, dass der Körper des im Wasser der Grotte Befindlichen dem Zuschauenden wie von Silber erscheint. Aber auch der Badende selber hat die Empfindung einer seltsamen Licht- und Farbeneinwirkung. Man athmet Bläue ein; der ganze Körper fühlt das magische Licht; es ist, als würde man von ausserirdischen Elementen umfangen und durchdrungen. An schmeichelnder Phantastik mögen wenige Eindrücke demjenigen gleichkommen, den man empfindet, wenn man einsam in diesem Gewässer umherschwimmt. Man würde nicht im mindesten erstaunt sein, wenn Meergötter und Nymphen herauftauchten, Fabelwesen unter den Felswölbungen sich regten und Tritonenmusik sich hören liesse.

Auch mit der Blauen Grotte hat die phantasirende Geschichtsauslegung den Namen des dritten römischen Cäsaren verbunden. Die gluthvolle, wollustathmende Schilderung in Gregorovius' schönem Capri-Gemälde hat, obwohl ausdrücklich als ein Phantasiebild gegeben, es für Viele zu einer Thatsache gemacht, dass Tiberius — der 68 Jahre zählte, als er sich nach Capri begab! — unter den schönen Weibern seines Harems in der Blauen Grotte umhergeschwommen sei und mit ihnen und den »pisciculi« die von Sueton berichteten lasciven Scenen aufgeführt habe. In Wahrheit fehlt jedes Zeugniss nicht nur dafür, dass die Grotte als Schauplatz für jene Ausgelassenheiten gedient habe, sondern selbst dafür, dass sie zu Tiberius' Zeit berühmt gewesen sei. Kein antiker Schriftsteller erwähnt ihrer, selbst nicht Sueton, der sich doch gewiss das Mittel, seiner Schilderung einen noch farbigeren Hintergrund zu geben, nicht hätte entgehen lassen, wenn die Blaue Grotte als das Wunder, welches sie jetzt ist, bekannt und mit im Spiele gewesen wäre.

Damit ist indessen nicht gesagt, dass die Alten die Grotte nicht gekannt haben. Im Gegentheil sind Spuren ihrer Benutzung in antiker Zeit vorhanden. Nur muss ihr damals der von uns bewunderte magische Lichteffect gefehlt haben, wie denn keine der an Naturschilderungen nicht armen Beschreibungen der campanischen Küsten und Inseln desselben Erwähnung thut.

Da, wie man weiss, die heutige Licht- und Farbenwirkung auf der geringen Weite des Grotteneinganges beruht, die mit dem Sinken des Wasserspiegels zunehmen würde, so erklärt sich die Veränderung der Färbung sehr einfach aus der schon dargelegten Veränderung im Niveaustande der Insel. Wir wissen bereits, dass der Nordrand Capris, in welchem die Blaue Grotte sich befindet, zur Zeit des Tiberius um etwa 6 Meter höher als heute aus dem Meere emporstieg, dass er im Laufe der folgenden Jahrhunderte sich um nahezu 11 Meter gesenkt und später wieder um fast 5 Meter gehoben hat. Den heutigen Zugang zur Grotte bildet ein wenig mehr als $1^1/_3$ Meter breites, im Ganzen 2·28 Meter

Die Blau

Grotte 1.

hohes Loch in der Felswand, das aber nur um 1·37 Meter
über den Wasserspiegel emporragt, weshalb eben die Einfahrt nur in ganz kleinen Booten und bei ruhiger See
möglich ist. Nur 1·34 Meter unterhalb und seitlich dieses
Loches nimmt man eine andere gewölbte Oeffnung wahr,
welche 15 Meter tief reicht und 12 Meter breit ist. Es ist
also klar, dass zu der Zeit, in welcher der Wasserspiegel
um 6·10 Meter tiefer lag, der Eingang nicht durch das
kleinere Loch, sondern durch die grosse Bogenöffnung gebildet wurde, deren jetzt 2·25 Meter unter dem Wasserspiegel befindliche Wölbung damals 3·85 Meter über demselben lag. Das Licht konnte demnach frei eindringen und
keine aussergewöhnliche Wirkung hervorbringen. Auf eine
Benützung der Grotte in antiker Zeit deuten nicht nur das
offenbar künstlich hergestellte oder erweiterte Loch mit seinem
ebenen, als Plattform vorspringenden Boden und die Spuren
einer von aussen zu ihm führenden, in den Felsen gehauenen
Treppe, sondern auch andere, bald zu erwähnende, künstliche
Anlagen im Hintergrunde der Grotte.

Nahezu 5 Meter über dem jetzigen Meeresniveau sieht
man an den Wänden der Grotte eine Reihe von Aushöhlungen,
die nur durch das Wasser hervorgebracht sein können. Die
Insel muss also in nachantiker Zeit um fünf Meter tiefer als
heute, um elf Meter tiefer als im Alterthum im Wasser
gestanden und diese Lage Jahrhunderte lang behalten haben.
Während dieser Zeit konnte man, da auch der heutige Eingang um 3·5 Meter unter Wasser lag, von der Existenz der
Grotte keine Kenntniss haben, und in der That wird ihrer vor
dem Beginne des 17. Jahrhunderts nicht Erwähnung gethan.
Bekanntlich gilt der Breslauer Maler Kopisch, der 1826 nebst
einem Begleiter, mit Pechfackeln versehen, schwimmend
eindrang und im Fremdenbuche des »Albergo Pagano« eine
anschauliche Schilderung der überraschenden Erscheinung
hinterlassen hat, für den Entdecker der Blauen Grotte. Sicherlich gebührt ihm das Verdienst, sie bekannt gemacht und
auf ihre Schönheit aufmerksam gemacht zu haben, durch
die sie weltberühmt und Capri ein Reiseziel für Tausende
geworden ist. Aber erwähnt wird die Grotte schon in Capaccio's »Geschichte von Neapel«, welche 1607 erschienen

ist. Der angesehene Geschichtsschreiber schildert den Eingang als dunkel, die Grotte im Innern aber als buchtenartig sich erweiternd, voll von Licht und durch das von oben herabträufelnde Wasser sehr schön gefärbt. Eine bessere Erklärung des Phänomens gab Antonio Parrino in seiner sonst unbedeutenden Beschreibung des Neapeler Golfs 1727. Nach ihm wird die Grotte, was uns höchst auffällig erscheinen muss, fast ein Jahrhundert lang nicht mehr erwähnt; selbst Bewunderer, häufige Besucher und Erforscher Capris, wie Hadrawa, der Graf della Torre Rezzonico, Breislak, Romanelli, Secondo, Feola, die ein Langes und Breites über die Ruinen und die Natur wie die Merkwürdigkeiten der Insel geschrieben haben, würdigen sie keines Wortes, wahrscheinlich nur, weil Alle die Mühe des Eindringens scheuten; denn noch vor nicht gar langen Jahren konnte man nur schwimmend oder aber in Mulden, Kübeln oder Fässern sitzend hineingelangen.

Die Grotte ist gegen 50 Meter lang und 30 Meter breit. Die grösste Wassertiefe beträgt 16 Meter; die Wölbung erhebt sich bis 15 Meter über dem jetzigen Wasserspiegel.

Diejenigen, welche es für ausgemacht halten, dass die Grotte den üppigen tiberianischen Badescenen als Schauplatz diente, haben sich auch schnell mit der Annahme befreundet, dass dieselbe mit einem der kaiserlichen Lustschlösser in geheimer unterirdischer Verbindung gestanden habe, und sie haben ohne viel Besinnen einen im Hintergrunde der Grotte mündenden Gang für den Verbindungsweg erklärt, auf dem der lüsterne Tyrann mit seinen Schönen und Lustknaben sich nach dem magischen Badeplatze begeben habe.

Wer nur die Mündung und den Anfang des Stollens in Augenschein nimmt, darf sich zu einer solchen Vermuthung berechtigt glauben. Die Mündung, die sich etwa 30 Meter vom Eingang in der südwestlichen Höhlenwand befindet, hat eine Weite von etwa 10 Meter; sie wird aber durch einen Felspfeiler in zwei ungleich weite und hohe Eingänge getheilt. Der vordere derselben, der dem Eingange der Grotte zugewendet ist, zeigt an den Wänden und der Wölbung deutliche Meisselspuren. Seinen Fussboden bildet eine rechtwinklige Aufmauerung aus Bruchsteinen von

Die Blau

Grotte II.

1 Meter Höhe, an deren Fuss vorn in der Höhe des jetzigen Wasserspiegels eine schmale Plattform vorspringt, von welcher Stufen zu dem ursprünglich um sechs Meter tiefer liegenden Niveau hinabführen.

Auch im Innern des hier beginnenden unterirdischen Ganges, der noch durch eine dritte, aber weit engere Oeffnung in den hinteren Theil der Höhle mündet, zeigen sich deutliche Spuren der Bearbeitung. Der Fussboden besteht aus einer steinhart gewordenen Masse aus Kalk und Hausteinen; auch die Decke war mit Mauerwerk verkleidet, welches jetzt grösstentheils herabgestürzt ist. Anfangs geräumig, nimmt die Grotte nach innen sehr bald an Weite und Höhe ab, und etwa 30 Meter vom Eingange ist keine Spur künstlicher Bearbeitung mehr zu bemerken. Die Richtung des Ganges ist eine annähernd gerade südwestliche; seine Höhe und Breite wechselt beständig, doch nicht bedeutend. Nirgends können mehr als zwei Personen neben einander gehen; meistens ist nur Raum für eine einzige, und an vielen Stellen ist man genöthigt, sich tief zu bücken und sich vorsichtig zwischen den Felsvorsprüngen weiter zu schieben.

Mit einer sicheren Laterne versehen und in möglichst leichter und fest anliegender Kleidung kann man sorglos in den Gang eindringen. Ich habe es wiederholt gethan und bin zuletzt etwa 200 Meter weit vorgedrungen, muss jedoch gestehen, dass mir stets unendlich behaglicher zu Muthe gewesen ist, wenn ich auf steiler Höhe an Abgründen hinkletterte. Der weite Raum, die Bewegungsfähigkeit, der Ausblick, die freie Luft, in der man sehen, hören und gehört werden kann, sind Dinge, deren Mangel auch ohne das Bewusstsein einer Gefahr nicht ohne eine gewisse Beängstigung empfunden werden kann. Wer nicht gewohnt ist, sich in engen unterirdischen Räumen aufzuhalten, wird diese Empfindung theilen. Ist es die in der luftzuglosen Höhle befindliche warme und drückende Luft, die mit den Dünsten des durchsickernden Wassers geschwängert ist; ist es die Mühseligkeit des kriechenden und gebückten Vordringens oder der Gedanke an irgend einen möglichen Unfall — man geräth unwiderstehlich in eine gewisse fieberhafte Aufregung, man athmet beschleunigt und kommt schweissbedeckt von der Exploration zurück. — Da ich keinen Eingebornen fand, der mehr als 100 Schritte vorgedrungen war und sich einiger Vertrautheit mit dem Gange rühmen konnte, so unternahm ich die Wanderung allein. Als ich gegen 300 Schritte gezählt und bereits mehrere Stellen passirt hatte, an denen nur tief gebückt und schultervoran weiter zu kommen war, sah ich den Weg durch lose Trümmer versperrt. Ob und wie weit der Weg sich jenseits derselben fortsetze, war also nicht auszumachen.

So viel aber geht schon aus der Beschaffenheit der durchwanderten Strecke mit Sicherheit hervor, dass der Gang nichts anderes als eine natürliche Höhlung ist, wie sich deren zahlreiche im Kalkgestein der Insel finden, und dass er nie und nimmer zur Verbindung der Blauen Grotte mit einer kaiserlichen Villa gedient haben kann. Konnten auch die directen Spuren einer Bearbeitung an den Wänden durch den Kalksinter, der dieselben mit einer dicken, schleimigen Kruste überzogen hat, unsichtbar gemacht werden, so ist doch ganz undenkbar, dass man es unterlassen hätte, die zahllosen Unebenheiten des Bodens, die Vorsprünge und Zacken der Wände und der Decke zu beseitigen, an denen man beständig sich zu verletzen in Gefahr ist. Die Vorstellung, dass ein römischer Kaiser mit seinem Gefolge und einer Schaar Odalisken kriechend, keuchend und schwitzend sich hier hindurchgezwängt habe, ist der früher erwähnten Annahme würdig, nach welcher die öde Klippe des Monacone ein »buen retiro« für üppige und verweichlichte Hofherren gewesen sei.

Für eine Benützung der Blauen Grotte in tiberianischer Zeit sowie für ihre Zugänglichkeit von der Meerseite her spricht ausser der $2^1/_3$ Meter hohen künstlichen Eingangs- und Ventilationsöffnung die vor etwa 15 Jahren erneuerte Felsentreppe, die den äusseren Zugang zu dieser Oeffnung bildete und das Vorhandensein einer Villa unmittelbar oberhalb der Grotte.

Ausgrabungen, welche im letzten Jahrzehnt durch den Colonel Mackowen hier veranstaltet worden sind, haben Statuenfragmente, bunte Marmorstücke von Fussböden, Marmorcapitelle, Säulen u. a. zum Vorschein gebracht. Manches dergleichen liegt noch in dem terrassenförmig aufsteigenden

Gartengrundstück umher. Die Theile der Villa lagen wegen der Abschüssigkeit des zum Meere sich senkenden Terrains in verschiedenem Niveau. Nur ein kleiner Theil ist freigelegt. Oben sieht man kleine Gemächer aus Tuffnetzwerk und Cisternen aus Bruchstein, sowie ein paar Badezimmer; weiter unten stuckirte und bemalte Räume mit Marmorschwellen, einen krummlinigen Bau mit zwei runden Nischen, die gegen Portici und Ischia gerichtet sind, dahinter einen Wassercanal und andere schwer bestimmbare Räume.

Bei der beträchtlichen Höhe, zu welcher die Bergwand im Rücken der Villa aufsteigt, war dieselbe vom Lande her nur mit Mühe zugänglich, während von der See aus die mehrerwähnte Felsentreppe einen bequemen, aber auch den einzigen Zugang bildet.

Capitel XI.

# Anacapri. — Ruinen von Damecuta, Pozzo, Timberino, Veterino, Monticello, Capodimonte — Castello di Barbarossa — Monte Solaro.

Die wenigsten fremden Gäste — und auch die wenigsten Eingebornen mit Ausnahme der Jäger und Wachtelfänger — unternehmen es, das weite an Abwechslung reiche Gebiet von »Obercapri« zu durchstreifen. Und doch verdient dasselbe im höchsten Grade vom Naturfreunde wie vom Alterthumsforscher besucht zu werden.

Der zerstreut gebaute mehr dörflichen Charakter tragende Ort liegt auf halber Höhe zwischen der die Insel durchquerenden Bergkette und der niedrigen Steilküste, mit welcher das westwärts sich senkende tiefdurchschnittene Plateau endet.

Vielgewundene, auf und ab kletternde Grenzwege, mit
glatten Felsblöcken angefüllte Schluchten, Terrassenpfade
und Felstreppen durchziehen das äusserst wechselvolle ausgedehnte Terrain, in dem man sich ohne Führer schwer
zurechtfindet und nicht ohne Beschwerlichkeiten umher-
streifen kann. Aber der Charakter der ganzen Gegend ist
ein eigenthümlicher und anziehender. Sollte man sie mit
Worten charakterisiren, so könnte man sie eine sonn- und
meergeliebte fruchtbare Felsenwildniss nennen. 20 bis 120
Meter hoch steigen die unten schwärzlichen und zerfressenen,
oben helleren mit Gras und Gestrüpp bewachsenen Felsufer
steil aus dem blauen Meere auf, das zahllose Buchten und
Risse ausgehöhlt hat. Oben dehnen sich zwischen flacheren
und abschüssigeren Schluchten, Giessbachbetten und nackten
Felspartieen schattige Hesperidengärten: phantastische Opun-
tien-Pflanzungen, üppige Oliventerrassen und Wälder von
Agrumi aus. Der unebene, von Felsrippen und Schluchten
durchzogene Boden hat eine ungeheure Arbeit verlangt,
um in Gartenland verwandelt zu werden. Der Terrassenbau, die Bewässerung, die Steinauslese, der Transport der
Sämereien und der Früchte sind mühevoll; aber die Fruchtbarkeit ist dafür eine ausserordentliche; Düngung ist fast
überflüssig.

Es war kurz vor der Wein- und Feigenernte, als ich
wiederholt die üppige Wildniss durchstreifte und halbe Tage
lang ungestört mich ihrem Zauber hingab. In den Grundstücken war nichts mehr zu schaffen; lautlos und menschenleer lagen die Pflanzungen unter den glühenden Strahlen der
Sonne da. Land, Meer und Himmel wirkten zu der berauschenden und einschläfernden Harmonie zusammen, die
dem tiefen Süden eigen ist. Die Westküste der Insel zeigt
den südländischen Charakter mit hervorragender Deutlich-
keit. Man denkt an Sicilien, an griechische Meere und an
die Odyssee. So mögen die Oelbäume und Eichen um den
Palast des Herrschers von Ithaka gewachsen sein; so mag
das phäakische rettende Ufer ausgesehen haben; von solchen
Küstenfelsen mag der Cyklop dem forteilenden Schiffe die
Blöcke nachgeschleudert haben; durch solche rohe Mauern
aus Findlingssteinen, von Generationen aufgeschichtet, müssen

die Besitzthümer der uralten griechischen Colonisten von einander geschieden gewesen sein.

Wo sich weite Strecken mit Opuntien besetzt zeigen, z. B. in dem Territorium Orica, trägt die Gegend geradezu afrikanisches Gepräge. Alles wird hier früher reif als in den anderen Theilen der Insel. Gleichsam voll Wohlbehagen recken die Tausende von übermannshohen bräunlichen Stämmen ihre phantastischen sperrigen Aeste in die heisse Luft; wie auf eine ungeheure Tenne ausgeschüttet erscheinen von oben die Millionen graugrüner, fleischiger, glänzender Blätterzweige, die, fussgross und eiförmig, nach allen Richtungen stehen, auf den Blattflächen mit zahllosen kleinen Stacheln, am Rande mit einem Kranze der eigrossen, grünen, rothen und gelben saftigen Früchte besetzt. Fuche r'Indie (fichi d'India) werden die letzteren in der Ortssprache genannt; sie bilden, namentlich am Morgen gegessen, ein sehr angenehmes, erfrischendes und beliebtes Genussmittel für Arm und Reich und werden in ganzen Schiffsladungen von Orica nach Neapel ausgeführt. Ein schwerer steiniger Boden zwischen den Kalkfelsen, von denen die Sonne blendend zurückstrahlt, sagt der Opuntie zu. Sie erreicht hier ein Alter von etwa 30 Jahren und doppelte Mannshöhe. Ein einziger Stamm dieser Cactusart, die mit ihrer Landsmännin, der amerikanischen Agave oder Aloë, »den Typus der mediterranen Landschaft, die längst vom Orient her ihr strenges, stilles Colorit erhalten hatte, durch ein völlig einstimmendes Element wesentlich ergänzt« (V. Hehn), trägt bis tausend Früchte, welche mit 50—60 Centesimi das Hundert bezahlt werden.

Was derartigen Landschaften in Süditalien trotz einer unleugbaren Monotonie und stellenweisen Oede einen unvergleichlichen Zauber verleiht, ist vor allem die Harmonie in Formen und Farben, welche die Natur darbietet, in deren stilles und intensives Walten hier die Menschenhand aus Gewohnheit und aus Vertrauen in die freiwilligen Leistungen der Natur so wenig als möglich eingreift. Auch in den Gärten und Pflanzungen glaubt man sich in einer üppigen Wildniss, weil sämmtliche künstliche Anlagen sich mit dem Nothdürftigen begnügt, immer nur einen nutzbringenden, nie

einen ästhetischen Zweck gehabt haben und vor allem nie
auf Correctur der natürlichen Formen und Linien aus-
gegangen sind. Sogar dem Terrassenbau, dem bedeutend-
sten Zeugniss und Erzeugniss der landwirthschaftlichen
Technik auf der Insel, haben die Terrainverhältnisse die
Respectirung der natürlichen Bedingungen auferlegt. Die
Regelmässigkeit und Gradlinigkeit hat bei der Unebenheit
des Bodens, der Abschüssigkeit vieler Abhänge, den Hinder-
nissen, welche durch Felspartieen, Schluchten, Abstürze gebildet werden, keine Triumphe feiern dürfen. Ebenso unter-
bricht kein Herrenhaus, keine Villa mit künstlichen Formen,
geraden Linien, störenden Farben die classisch-ernste Harmonie dieser Landschaft; die wenigen Bauernhäuser und
Arbeiterhütten, die unter Oelbäumen und hinter Felsen versteckt liegen, haben dieselbe verwitterte Farbe wie der
Boden. Die Pflanzengattungen scheinen bewusst zu dieser
allgemeinen Harmonie beizutragen. Wo, wie in der Ebene
von Orica, eine Gattung dominirt, da suchen die anderen
Gewächsarten sich dem Charakter derselben in der äusseren
Erscheinung anzupassen. Die vereinzelten Rebengelände,
welche das weite Opuntiengebiet unterbrechen, erscheinen
kaum wie eine Unterbrechung, da die Reben in buntem
Gewirr über den Boden kriechen und mit blassgrünen grossen
Blättern felsenauf felsenab klettern. Die Oelbäume, die hie
und da zwischen die Cactus gepflanzt sind, wagen nicht, deren
Höhe zu übersteigen, und die Feigenbäume bemühen sich
mit gekrümmten Stämmen, wunderlich verdrehten Aesten und
spärlichem Blattwuchs sich möglichst wenig von den stach-
lichen Namensvettern zu unterscheiden.

Selten gelangt ein Spaziergänger in diese odysseeische
Landschaft, und selten werden ihm — ausser der Zeit der Feld-
arbeiten, der Ernte oder des Wachtelfanges — menschliche
Wesen begegnen. Am ersten Tage, an dem ich vergeblich
versucht hatte, den Weg von Anacapri hinab nach der
Blauen Grotte zu finden und durch eine abschüssige steinige
Thalsenkung zwischen Oliventerrassen wieder aufwärts stieg,
hörte ich mich anrufen. Etwa dreissig Schritte entfernt
stand, halb hinter einem Oelbaum versteckt, ein zwölf- bis
vierzehnjähriges braunes Mädchen mit lang und wirr herab-

hängenden schwarzen Haaren, blos mit grobem grauem Hemd und kurzem, einst roth gewesenem Röckchen bekleidet. Mit dem verwunderten scheuen Ausdruck einer Ziege schaute sie mich an, als ich mich nach ihr umwandte, und scheu wiederholte sie den Ruf: »Datemi un bajocc', Signore!« Auf meine Frage, in welcher Contrada ich mich befinde, erhielt ich blos ein verlegenes Lachen zur Antwort, und als ich mich anschickte, ihr näher zu gehen, flog die Dirne mit den nackten Füssen wie eine Ziege über Stock und Stein davon. Hinter einem verfallenen Steinhause machte sie Halt, und den Kopf mit den kohlschwarzen Augen nebst der geöffneten Hand hinter der Ecke hervorstreckend, wiederholte sie die Bitte um ein Almosen. Ich hielt ihr eine Kupfermünze entgegen und forderte sie auf, näher zu kommen, aber vergeblich. Est als ich mich entfernte, folgte sie langsam, aber stets in vorsichtigem Abstande bleibend.

Auch das Gebiet von Anacapri ist voll von altrömischen Bauresten. Mindestens vier grosse Villen der ersten Kaiserzeit haben hier gestanden.

Die sehenswerthesten Ruinen befinden sich in völlig abgeschiedener Lage auf weitschauender Höhe unweit der äussersten Nordwestspitze der Insel.

Beherrschend tritt ein überall abschüssiges Plateau, nur vom Lande her zugänglich, gegen die Punta di Vitareto vor. Hier erhob sich, immer von den Meerwinden umfächelt oder umbraust, derjenige der tiberianischen Paläste, welcher angeblich mit der Blauen Grotte in unterirdischer Verbindung gewesen sein soll. Ein verfallener Wachtthurm, in den Zeiten der Saracenengefahr auf stolzer Höhe errichtet, bezeichnet schon von weitem seine Stelle. Wie er, beherrschte die Villa, die von imposanter Ausdehnung war, alle Gewässer nord- und westwärts der Insel. In nordwestlicher Richtung reicht der Blick über Ischia und Cumae hinaus bis zu den Ponza-Inseln und den Bergen von Gaeta.

Häufige und werthvolle Funde sind hier gemacht worden. Von Zeit zu Zeit sind Gemächer, Cisternen, stuckirte Wände, Fussböden aufgedeckt worden. Man sucht jetzt vergeblich nach denselben, da die Bauern alles möglichst schnell wieder zuschütten, um den Boden auszunützen und auch, um die fremden Neugierigen nicht anzulocken, die beim Durchschreiten der weglosen Grundstücke, die meist unbewacht sind, Beschädigungen verursachen können.

Die Villa stand auf einem der Sonne und den Lüften frei ausgesetzten künstlichen Plateau von etwa 130 Meter Länge und 80 Meter Breite. Es umzog sie in der stereotypen Weise ein auf soliden Gewölben ruhender Gang von 2·36 Meter = 8 römischen Fuss Breite. Unweit des Thurmes ist an der dem Meere zugewendeten Front das Mauerwerk dieses Ganges noch stückweise sichtbar. Die Frontmauer besteht aus netzförmigem Kalkbruchstein, der mit hartem, schwarz gesprenkeltem Mörtel bedeckt ist; die Hinterwand und die Zwischenmauern der Gewölbe sind aus demselben Bruchstein in opus incertum gebaut. Das ganze Plateau ist jetzt mit Reben, indischen Feigen, die auf dieser besonnten Fläche eine gewaltige Grösse erreichen, und mit Fruchtbäumen besetzt. Ein Häuschen, das ich ebenso menschenleer fand wie die der Ernte harrenden Grundstücke weit und breit, steht auf dem Mosaikfussboden eines antiken Gemaches. Soweit man Reste von Zimmerböden wahrnimmt, bestehen sie aus dem Kalkstein der Insel und aus Netzwerk von Posilipo-Tuf in demselben Constructionsstyl, den alle kaiserlichen Bauten Capris aufweisen. Vortrefflich erhalten und — wie die neuen weissgetünchten Mündungen beweisen — noch heute im Gebrauch ist eine antike Cisterne von 45 Meter Länge und 5·30 Meter Breite, in welche das Wasser mittelst einer Leitung aus einer anderen kleineren Sammelcisterne geführt wird.

Mangoni, welcher an die einstige unterirdische Verbindung der Villa bei Torre Damecuta (so heisst der eben beschriebene Ort angeblich nach der »Domus Augusti« oder den »Dame occulte!«) mit der Blauen Grotte glaubt, behauptet mit etwas grösserer Wahrscheinlichkeit, noch die Spuren einer Strasse gesehen zu haben, welche von hier nach dem Strande hinabführte. Jetzt ist von derselben ebenso wenig zu sehen wie von den Strassen, die am Küstenrande westwärts nach der Orica genannten Ebene und weiter bis nach dem Vorgebirge Carena im äussersten Südwesten der Insel sich erstreckt haben.

Auf der Suche nach den in entlegenen Grundstücken
versteckten römischen Ruinen Anacapris musste ich jede
lebende Seele, welche anzutreffen war, um Auskunft und
Unterweisung angehen, und so habe ich Wochen gebraucht,
um über alles unterrichtet zu werden; denn die Eingebornen
haben vielfach ebensowenig eine Ahnung von der Bedeutung
des alten Gemäuers, auf das sie zu ihrem Verdruss mit
Hacke und Spaten stossen, wenn Bäume ausgerodet oder
Reben gepflanzt werden, wie von der Möglichkeit, dass der
fremde Spaziergänger gerade jenes Gemäuer suche.

An einem feuchtwarmen Septembervormittage, an dem
Land und Meer in Sciroccodunst gehüllt waren und von den
zernagten Uferklippen die Brandung des bleigrauen Meeres
dumpf herauftönte, war ich wieder ein paar Stunden vergeblich umhergewandert, um die Ruinen aufzusuchen, die
sich in den Contrade »Veterino« und »Timberino« finden
sollten. Hundert Terrassentreppchen war ich auf- und abge-
stiegen, durch unzählige Hecken hatte ich mich gezwängt,
über hohe und niedrige Mauern aus aufgeschichteten Steinen
war ich geklettert. Ich stand wieder an einer solchen, unter-
suchend, ob die Steine nicht zu lose geschichtet seien und
überlegend, ob ich mich den Brombeerranken und Aloëdornen
aussetzen solle, als ich in dem jenseitigen Grundstück ein
Mädchen bemerkte, das, mir den Rücken zuwendend, sich an
einem Feigenbaume zu schaffen machte. Auf mein Anrufen
wandte die Schöne — sie war wirklich schön — verwun-
dert den Kopf, ohne jedoch von ihrer Beschäftigung des
Blätterpflückens abzulassen, so dass sie, auf den Fussspitzen
stehend, mit den hoch erhobenen Händen, dem gewölbten
vollen Busen, das mit dem orientalisch geknoteten rothen
Tuch umschlungene Haupt seitwärts gebeugt, einer Taran-
tella-Tänzerin glich. So beantwortete sie meine ersten Fragen
und zwar — diesmal nicht zu meinem Leidwesen — mit
wiederholtem »Nun saggio« (Ich weiss nicht). Die Vorwürfe
wider die allgemeine Unwissenheit der Insulanerinnen, zu
denen mir dies erwünschten Vorwand gab, veranlassten sie,
die futtersammelnde Thätigkeit zu unterbrechen und lachend
näher zu kommen. Beiderseits auf die Mauer gelehnt und
nur von dem zum Heimtragen der Blätterlast bestimmten

Esel, der sich an Opuntienästen gütlich that, beobachtet,
unterhielten wir uns geraume Zeit mit gegenseitigen Fragen
persönlichen Interesses, die seitens der Schönen den landesüblichen Abschluss in der Forderung eines Bajocco fanden.
Auf meine scherzende Frage, ob sie nicht lieber eine Cigarre annehme, erfolgte eine eifrig bejahende Antwort, und
das überreichte königlich italienische Regieproduct verschwand hinter dem Busentuch. Eine ebendaselbst befindlich feuerfarbene Nelke wurde mir ohne jede Ziererei als
Gegengabe überlassen. Ich wollte wissen, wer den Glimm-
stengel erhalten werde. — »Mein Bruder.« — »Nicht der inna-
morato?« — »Ma che!« war die lachend gegebene Antwort, »innamorati qui non ci sono.« — Ein paar grosse
Regentropfen, die mit mehreren vom Winde herabgeschüt-
telten Oliven zwischen uns auf die Mauer niederfielen,
machten dem Geplauder ein Ende; warteten doch die Kühe
daheim auf das Blätterfutter, und musste ich doch erwarten,
von einem Platzregen ereilt zu werden, wenn ich nicht vor
Ausbruch des Gewitters unter das schützende Dach der
»Bella Margherita« oder Don Bartolommeos in der Locanda
Barbarossa gelangte. Noch im Weggehen rief die barfüssige
Schöne mir nach, dass ich auch in ihrem Hause einen guten
Trunk vom letzten Jahrgang finden werde, sowie dass sie
sich Palma Arcucci nenne.

Was ich lange vergebens gesucht, fand ich auf einer
späteren Streiferei zufällig. Ich hatte die von einer reichen
und ausgedehnten Villenanlage fast allein noch sichtbaren
und in Gebrauch befindlichen drei imposanten Cisternen —
von je 44 Meter Länge und 11·60 Meter Breite — in der
nach ihnen benannten Contrada Pozzo besucht und befragte
einen alten Mann, der, von einem Hunde begleitet, gebückt
unter den traubenbeschwerten Reben eines benachbarten
Grundstückes hervortrat, nach dem Vorhandensein anderer
zugehöriger Baureste. »Kommt mit mir,« war die Antwort;
»ich habe eben meinen ‚Schwarzen‘ Futter zu bringen; sie
sind im Fondo Timberino, wo der ‚König Timberino‘ gewohnt hat.«

Wie ein Plantagenbesitzer und Sclavenhalter sah der
gebeugte Alte, welcher an einem Strick einen Kupfereimer

voll einer räthselhaften Brühe trug, nicht aus; ich schloss deshalb, dass mit den »Schwarzen« die im allgemeinen sorgsam und zärtlich behandelten Schweine gemeint seien, und eine Frage machte dies zur Gewissheit. Auf dem ziemlich langen Wege, den wir bis Timberino zurückzulegen hatten, berichtete der Alte von zahlreichen merkwürdigen und kostbaren Funden, welche durch die früheren Besitzer dieser Grundstücke gemacht seien, von dem hohen Erlös, den sie durch heimlichen Verkauf daraus gewonnen und von der Wahrscheinlichkeit, dass auch jetzt noch »molte ricchezze« im Boden verborgen seien, denen man leider nicht nachgehen könne, wenn man nicht viel Geld habe.

Was jetzt von dem einstigen Glanze des Ortes, der allein auf Capri den Namen des berüchtigten Kaisers ununterbrochen bewahrt hat, noch übrig ist, beschränkt sich auf Spuren antiker Terrassenmauern und ein paar halb zerstörte gewölbte Räume, die als Ställe benützt werden. Schon von weitem hörte man das Schnaufen und das Knirschen, das eine krummgehörnte kurzbeinige Kuh hervorbrachte, indem sie mit gierigem Behagen die fleischigen Astglieder der Opuntien frass. Ueber den gewölbten Eingang des einst fürstlichen Gemaches, das ihr als Behausung diente, hingen dichte Epheu- und Brombeerranken herab. Mit Stolz und Bewunderung rüttelte der Alte an den Steinen der felsenharten Mauern, die sich nicht rührten. »So baut heute Niemand mehr; heute sind Alle Spitzbuben,« lautete sein Urtheil; »besonders aber die von Capri.« Die alte Abneigung zwischen den Schwesterstädten, unter der jungen Generation rasch verschwindend, zählt noch manchen Bekenner unter Denjenigen, die erst im Alter eine Strassenverbindung und dadurch einen ausgleichenden lebhaften Verkehr zwischen Capri und Anacapri haben entstehen sehen.

Auch sonst finden sich im Gebiete von Anacapri noch mancherlei Reste antiker Bauten: so bei Veterino, am oberen Wege von Caprile nach Valerano und bei Monticello, endlich am oberen Ende der grossen Inseltreppe am Fusse des Hügels, der das Barbarossa-Castell trägt.

Von Timberino, wo vor Mangoni's Zeit ein schön gearbeitetes Marmorpferd, ein Basrelief mit Götterfigur und griechischer Inschrift, sowie grosse Platten bunten Marmors gefunden sein sollen, scheint eine Strasse über die Contrade Linaro und Pastino nach der Villa oberhalb der Treppe, heute Capodimonte genannt, geführt zu haben; wenigstens haben sich in beiden genannten Gegenden wiederholt Netzwerkmauern und Gewölbe von der Art, wie sie den Strassen zum Unterbau dienten, gefunden. Auch bei Veterino und Lacera, etwas unterhalb Timberino, sieht man melancholische Reste solider Tuffmauern in bestem Reticulatstyl mit Spuren von bemaltem Wandbewurf, nach Mangonis wahrscheinlicher Vermuthung Theile der zur Timberinovilla gehörigen Nebengebäude.

Südwärts von Timberino und Pozzo liegt die Gegend Monticello, wie der Name zeigt, eine Bodenerhebung, auf der eine Menge von Trümmern sichtbar ist. Ohne Zweifel lag auch hier eine Villa, und sie genoss einer weiten Aussicht auf den südwestlichen Theil der Insel mit seiner orientalischen Vegetation, sowie auf das Westmeer, das in verlockender Weite sich hier vor den Blicken ausdehnt. Vor Zeiten wurden hier viele Zimmer mit schönen Marmorfussböden aufgedeckt, aber der Bodencultur halber wieder zugeschüttet. Man fand ausser starken Mauerresten, Substructionen, Gallerien u. s. w. verschiedene Marmorbüsten, Säulenfragmente und andere Architekturtheile.

Von der bei Capodimonte gelegenen Villa endlich, die nächst der Jupitervilla die höchstgelegene auf der ganzen Insel war, sind auch jetzt noch ein paar freigelegte Zimmer mit weissen Mosaikfussböden und Resten von Wandbewurf zu sehen.

Auf der im Rücken dieser Villa aufsteigenden Höhe, die, nur von Westen zugänglich, als äusserster Nordpfeiler der Solaro-Kette nach allen anderen Seiten senkrecht abfällt und die Inseltreppe vollständig beherrschte, liegen die malerischen Reste einer ausgedehnten Burg, die den Namen Castello di Barbarossa führt. Von beträchtlichem Umfange und stark gebaut, konnte sie bei den Ueberfällen der tunesischen Corsaren der Bevölkerung Zuflucht und Schutz gewähren. Noch jetzt erscheinen die zinnengekrönten Mauern und die massigen Rundthürme äusserst stattlich.

Ohne jegliche Beschwerde erreicht man von Anacapri auf Fusspfaden und einem zuletzt im Zickzack ansteigenden untermauerten Saumwege in halbstündigem Steigen die am steilen Ostrande des Monte Solaro wundervoll gelegene Einsiedelei von S. Maria a Cedrella oder Citrella (494 Meter) und von dort über einen sanft geneigten, gestrüppbewachsenen Abhang den südwestwärts noch über 100 Meter höher gelegenen Gipfel des Berges, des höchsten auf der Insel. Auch er ist mit den Trümmern eines kleinen Forts gekrönt, um welches herum jetzt die Ziegen weiden und in das sie hineinklettern, wenn sie mit dem in einem Bassin zusammengelaufenen Regenwasser ihren Durst löschen wollen, während der alte Hirt draussen im Schatten der Mauer zwischen den Steinen liegt und träumerisch in die herrliche Meeresweite schaut, und sein Bub die knollenbeschwerten langen Stengel der Königskerzen gleich Schleudern um den Kopf schwingt und in die Tiefe sausen lässt.

Südwärts fällt die Wand des 608 Meter hohen Berges fast senkrecht unter der Mauer des Forts ab. In horizontaler Richtung ist das Meer nur wenige hundert Meter entfernt. Nur von hier aus kann man die ganze Insel und das Meer in der vollen Runde überschauen.

In der heiteren Stille dieser klaren Höhe gelagert, den Blick auf eine der formenschönsten und erinnerungsreichsten Gegenden der Erde gerichtet, kann man vergessen, dass Vergänglichkeit und Zerstörung das Erbtheil des Menschenwerkes auch in diesen Gegenden gewesen sind. Wie ein Gemälde von nicht zu verwischenden Linien, von unauslöschlichen und nie verbleichenden Farben erscheint das Grösste und das Kleinste vor unseren trunkenen Augen. Wie ein unvergängliches Gedicht prägt sich die sichtbare Verkörperung einer unaussprechlichen Harmonie der Natur, des Geistes und der Völkergeschichte in die Seele.

Von diesen Harmonieen durchklungen, bin ich von Capri geschieden, fühlend, dass sie ein unzerreissbares Band zwischen mir und dem herrlichen Eilande bilden und nimmermehr verklingen werden.

# Register.